Frank Heinrich, Uwe Heimowski
Ich lebe!

Frank Heinrich, Uwe Heimowski

ICH LEBE!

Ein Plädoyer für die Würde des Menschen

neukirchener
aussaat

Dieses Buch wurde auf FSC®-zertifiziertem Papier gedruckt.
FSC (Forest Stewardship Council®) ist eine nichtstaatliche,
gemeinnützige Organisation, die sich für eine ökologische und
sozialverantwortliche Nutzung der Wälder unserer Erde einsetzt.

Bibliografische Information der Deutschen Nationalbibliothek

Die Deutsche Nationalbibliothek verzeichnet diese Publikation in der Deutschen Nationalbibliografie; detaillierte bibliografische Daten sind im Internet über http://dnb.d-nb.de abrufbar.

© 2016 Neukirchener Verlagsgesellschaft mbH, Neukirchen-Vluyn
Alle Rechte vorbehalten
Umschlaggestaltung: Andreas Sonnhüter, www.sonnhueter.com,
unter Verwendung der Bilder von Uber Images, wallybird, connel, Paza,
Dieter Hawlan, Eleonora_os © Shutterstock.com
Lektorat: Hauke Burgarth, Pohlheim
DTP: Breklumer Print-Service, www.breklumer-print-service.com
Verwendete Schrift: Futura, Adobe Garamond Pro
Gesamtherstellung: FINDIR s.r.o.
Printed in Czech Republic
ISBN 978-3-7615-6301-4 Print
ISBN 978-3-7615-6302-1 E-Book

www.neukirchener-verlage.de

INHALT

VORWORT

Frank Heinrich und Uwe Heimowski gebührt Dank für ein besonderes Buch. Sie bekräftigen, was eigentlich selbstverständlich sein sollte: Würde und Lebensrecht kommen jedem Menschen zu, unabhängig von Genen, Alter, Behinderung, Gesundheit und Leistungsfähigkeit. Einzige Voraussetzung ist, Mensch zu sein. „Wo menschliches Leben existiert, kommt ihm Menschenwürde zu; es ist nicht entscheidend, ob der Träger sich dieser Würde bewusst ist und sie selbst zu wahren weiß." Das Bundesverfassungsgericht hat diesen Grundsatz 1975 formuliert und 1993 bestätigt.

Tatsächlich aber werden im Zusammenhang mit vorgeburtlichen Untersuchungen (Pränataldiagnostik und Präimplantationsdiagnostik) Selektionsentscheidungen getroffen, die ungeborenen Menschen das Lebensrecht verweigern, wenn bei ihnen eine Behinderung diagnostiziert wurde. Die vor vierzig Jahren eingeführte Pränataldiagnostik war laut ihren Befürworter anfangs nur für extreme und seltene Ausnahmefälle vorgesehen, hat aber seither eine enorme Ausweitung erfahren und ist heute praktisch Routine geworden. Vorgeburtliche Selektion diskriminiert Menschen, die mit solchen Behinderungen, Krankheiten oder Veranlagungen leben, die Selektionsmerkmal bei vorgeburtlichen Untersuchungen sind, weil dort letztlich nach „lebenswert" oder „lebensunwert" eingeteilt wird. Doch nur etwa 3 Prozent aller

Behinderungen sind vorgeburtlich bereits vorhanden, 97 Prozent treten erst später im Leben auf, z. B. durch Krankheit oder Unfall. Zu befürchten ist allerdings, dass von vorgeburtlichen Untersuchungen in der öffentlichen Wahrnehmung vor allem die vermeintliche „Verhinderbarkeit" von Behinderung ankommt: technisch immer weiter perfektioniert, legal, zumutbar und kassenfinanziert. Die Wucht der Diskriminierung trifft aber alle behinderten und chronisch kranken Menschen.

Auch sind wir in vielen Bereichen noch weit entfernt von der Inklusion für Menschen mit Behinderungen, der uneingeschränkten, gleichberechtigten Teilhabe in allen Lebensbereichen. Menschen mit Behinderungen werden in geschützten Einrichtungen, Sonderkindergärten, Förderschulen, Wohnheimen und Werkstätten untergebracht. Die Folge ist, dass der eine Teil der Gesellschaft von dem anderen entwöhnt ist. Selbstverständlicher Umgang miteinander muss von Anfang an erlernt werden.

Zugleich ist der Diskussionsdruck über das Lebensende gewachsen – auch über den Druck, seinem Umfeld nicht länger zur Last zu fallen, selbst wenn dieser vom Patienten nur empfunden wird.

Wie menschenfreundlich eine Gesellschaft ist, zeigt sich an ihrem Umgang mit ihren schwächsten Mitgliedern. Dies beginnt bei der Bewusstseinsbildung, der dieser Band dienen soll. Dazu wünsche ich den Autoren viel Erfolg.

Hubert Hüppe MdB
(Von 2009-13 Beauftragter der Bundesregierung für die Belange behinderter Menschen)

HAUPTSACHE GESUND –
EINE PERSÖNLICHE VORBEMERKUNG

Der Bauchumfang meiner Frau Christine ließ keinen Zweifel mehr zu. Auch Nichteingeweihte sahen es nun: Ein Baby war unterwegs. Und wer es sah, sprach uns darauf an. Sofort entspannt sich – sicher dutzende Male – folgender kleiner Dialog: „Ach wie schön, herzlichen Glückwunsch." „Danke schön. Es ist ein Wunschkind." „Toll, ich freue mich für euch." – Pause – „Wird es ein Junge oder ein Mädchen?" „Das wissen wir noch nicht." „Ah so." – Kurze Pause – „Naja, ist ja auch egal."

Weitere Pause – „Hauptsache gesund."

Wenn du ein Wunschkind bekommst, freust du dich natürlich über das Interesse. Aber wenn sich so ein Dialog oft wiederholt, mit genau den gleichen Pausen an den gleichen Stellen, wirst du irgendwann stutzig. Auf jeden Fall hörte ich so etwa ab dem zwanzigsten Mal den obigen Dialog plötzlich mit einigen Zwischentönen:

„Ach wie schön. Herzlichen Glückwunsch." (*Dabei studiert er noch, wie wollen die das bloß finanziell schaffen?*) „Danke schön. Es ist ein Wunschkind." „Toll, ich freue mich für euch." (*Ich hoffe, die haben sich das gut überlegt.*) – Pause – „Wird es ein Junge oder ein Mädchen?" (*Das ist ja wohl das Minimum, was man heutzutage beim Frauenarzt*

9

erfährt). „Das wissen wir noch nicht." „Ah so." *(Sollen mal nicht so tun, als ob's ihnen egal wäre. Naja, wer weiß, aber wahrscheinlich haben die auch keine Fruchtwasseruntersuchung machen lassen, verantwortungslos, wie sie sind).* – Kurze Pause – „Naja, ist ja auch egal." – *(Obwohl, ein Junge wäre natürlich schön ... aber es ist ja das erste, da spielt das noch keine so große Rolle. Was nicht ist, kann ja noch werden.)* „Hauptsache gesund." *(Wobei man das eben nie so genau wissen kann, wenn man keine Untersuchungen machen lässt. Und dann steht man eines Tages mit behindertem Kind da ... wogegen natürlich an sich nichts zu sagen ist, aber wenn man es vermeiden kann ...)*

Wahrscheinlich, höchstwahrscheinlich war das alles nicht so gemeint. Trotzdem konnte ich mir irgendwann zumindest eine Rückfrage nicht verkneifen: „Und wenn es nicht gesund ist?" Große Augen, Stottern, Verunsicherung, absolutes Unverständnis. *(Das sagt man doch so, das macht doch jeder, warum fragt der jetzt so blöd?).* Und keine Antwort.

Mir blieb die Frage: „Was ist, wenn das Kind nicht gesund ist?" Und je länger ich darüber nachdenke, desto blöder finde ich die „Hauptsache-gesund"-Floskel. Was ist mit den Kranken? Den Behinderten? Ist das Nebensache? Sind sie weniger wert?

Wahrscheinlich ist man als werdender Vater übersensibel. Zumal man seinem Kind natürlich von Herzen wünscht, dass es gesund und munter auf die Welt kommt und dass es ihm so gut gehen möge, wie es nur irgend möglich ist.

Gleichzeitig fragt man sich natürlich, was es bedeuten würde, ein krankes Baby, vielleicht ein Tag und Nacht pflegebedürftiges Kind bei sich zu haben: Wie steht es da mit der Kraft? Würden wir das schaffen?

Hier gibt es keine billigen Antworten.

Aber ist Gesundheit die Hauptsache? Nein. Hauptsache eins: geliebt. Von Gott geliebt und von uns. Hauptsache zwei: von Gott geplant und von uns gewollt (ob geplant oder nicht).

Es soll mir keiner kommen und Kranke oder Behinderte als „Betriebsunfall" oder „Erbsünde" oder „lebensunwertes Leben" oder weiß ich was bezeichnen – kein Sozialdarwinist, kein utilitaristischer Philosoph wie der Australier Peter Singer, kein Nachbar, kein Nazi, kein sonstwer.

Ich weiß, so war die höfliche Floskel nicht gemeint. Und ich habe mich aufrichtig darüber gefreut, wenn Menschen sich für Christines runden Bauch und das junge Leben darin interessierten und sich mit uns freuten.

Doch was ich mit der wirklichen Hauptsache angesprochen habe, das musste ich einfach loswerden, denn, gemeint oder nicht, es geht um mehr als „Hauptsache gesund".

KAPITEL 1
VON DER WÜRDE DES MENSCHEN – EIN
PLÄDOYER FÜR DAS LEBEN

1. Verantwortung vor Gott und den Menschen

„Im Bewusstsein seiner Verantwortung vor Gott und den Menschen [...] hat sich das Deutsche Volk [...] dieses Grundgesetz gegeben."

So lautet die Präambel des Grundgesetzes der Bundesrepublik Deutschland.

Die „Väter und Mütter des Grundgesetzes", wie man sie nennt, standen bei der Verabschiedung dieser Verfassung am 23. Mai 1949 noch unter dem direkten Eindruck des finstersten Kapitels der Deutschen Geschichte. Der Nationalsozialismus hatte nicht nur ganz Europa und viele andere Staaten in den Strudel eines Weltkriegs gezogen, in dem schätzungsweise bis zu 80 Millionen Menschen ihr Leben verloren. Adolf Hitler und seine Schergen hatten noch viel tiefer angesetzt: Ihre Ideologie hatte die Menschen nach Rassen getrennt und in „lebenswertes" und „lebensunwertes Leben" geschieden.

Juden, Sinti und Roma, Schwarze, Behinderte, Homosexuelle wurden im Zuge dieser Systematik ermordet. Zu Tausenden und Abertausenden.

Nur viel zu wenige besaßen den Mut, ihre Stimme gegen den Führer und seine Helfershelfer zu erheben. Zu tief durchsäuerte die Indoktrination alle Gesellschaftsschichten. Zu groß war die Angst um das eigene Leben und das der Familie. Kirchen wurden in großen Teilen gleichgeschaltet. Auch Christen schwiegen zum Unrecht. Nirgends wird das anschaulicher als in Martin Niemöllers berühmten Text:

Als die Nazis die Kommunisten holten, habe ich geschwiegen;
ich war ja kein Kommunist.
Als sie die Sozialdemokraten einsperrten, habe ich geschwiegen;
ich war ja kein Sozialdemokrat.
Als sie die Gewerkschafter holten, habe ich geschwiegen,
ich war ja kein Gewerkschafter.
Als sie mich holten, gab es keinen mehr, der protestieren konnte.

Und dennoch gab es Menschen, die nicht einfach zusahen. Menschen, die etwas riskierten. Die den kleinen und großen Widerstand wagten. Menschen, die für die Würde derer kämpften, denen von den Nazis jede Menschenwürde abgesprochen wurde. Viele dieser Heldinnen und Helden zahlten einen hohen Blutzoll. Doch durch ihr Zeugnis bewahrten sie die Menschlichkeit inmitten der Unmenschlichkeit. Sie setzten Zeichen für die Nachwelt und säten eine Saat, die später aufgehen sollte.

Viele dieser Vorbilder an Humanität waren Christen. Aus der Verantwortung vor Gott machten sie sich für das Leben anderer Menschen stark und gaben denen eine Stimme, deren Leben als unwert abgetan wurde.

Menschen wie der katholische Pater Maximilian Kolbe

stehen uns vor Augen, der in Auschwitz sein Leben im Tausch für einen polnischen Familienvater gab.

Oder Friedrich von Bodelschwingh der Jüngere. Als Leiter der Bodelschwinghschen Anstalten in Bethel, einer großen Einrichtung für kranke und behinderte Menschen, die sein Vater gegründet hatte, kooperierte er lange mit den Nazis. Doch als die Euthanasiegesetze beschlossen wurden, stellte der evangelische Christ sich den Versuchen der Nazis entgegen, Patienten aus seiner Einrichtung zu töten. Diesen Mord konnte er mit seinem christlichen Glauben nicht vereinbaren.

Solche Beispiele standen Pate für den sogenannten Gottesbezug im Grundgesetz.

2. Umgang mit der Schuld

Und noch etwas kam hinzu. Gerade evangelische Christen wie Niemöller und Bodelschwingh beschönigten die Rollen der Kirchen und Christen keineswegs. Vielmehr waren sie sich auch ihrer Schuld bewusst. Schon im Oktober 1945 erklärte daher der Rat der Evangelischen Kirche in Deutschland gegenüber den Vertretern des Ökumenischen Rates der Kirchen:

„Der Rat der Evangelischen Kirche in Deutschland begrüßt bei seiner Sitzung am 18./19. Oktober 1945 in Stuttgart Vertreter des Ökumenischen Rates der Kirchen. Wir sind für diesen Besuch um so dankbarer, als wir uns mit unserem Volk nicht nur in einer großen Gemeinschaft der Leiden wissen, sondern auch in einer Solidarität der Schuld.

Mit großem Schmerz sagen wir:

Durch uns ist unendliches Leid über viele Völker und Länder gebracht worden. Was wir unseren Gemeinden oft bezeugt haben, das sprechen wir jetzt im Namen der ganzen Kirche aus: Wohl haben wir lange Jahre hindurch im Namen Jesu Christi gegen den Geist gekämpft, der im nationalsozialistischen Gewaltregiment seinen furchtbaren Ausdruck gefunden hat; aber wir klagen uns an, daß wir nicht mutiger bekannt, nicht treuer gebetet, nicht fröhlicher geglaubt und nicht brennender geliebt haben.

Nun soll in unseren Kirchen ein neuer Anfang gemacht werden. Gegründet auf die Heilige Schrift, mit ganzem Ernst ausgerichtet auf den alleinigen Herrn der Kirche, gehen sie daran, sich von glaubensfremden Einflüssen zu reinigen und sich selber zu ordnen. Wir hoffen zu dem Gott der Gnade und Barmherzigkeit, daß er unsere Kirchen als sein Werkzeug brauchen und ihnen Vollmacht geben wird, sein Wort zu verkündigen und seinem Willen Gehorsam zu schaffen bei uns selbst und bei unserem ganzen Volk.

Daß wir uns bei diesem neuen Anfang mit den anderen Kirchen der ökumenischen Gemeinschaft herzlich verbunden wissen dürfen, erfüllt uns mit tiefer Freude.

Wir hoffen zu Gott, daß durch den gemeinsamen Dienst der Kirchen, dem Geist der Gewalt und der Vergeltung, der heute von neuem mächtig werden will, in aller Welt gesteuert werde und der Geist des Friedens und der Liebe zur Herrschaft komme, in dem allein die gequälte Menschheit Genesung finden kann.

So bitten wir in einer Stunde, in der die ganze Welt einen neuen Anfang braucht: Veni, creator spiritus!"

Dieses sogenannte „Stuttgarter Schuldbekenntnis" hat nicht nur den Kirchen einen Neuanfang ermöglicht. Es steht stellvertretend für den Neuanfang einer ganzen Nation.

„*Wer die Vergangenheit nicht kennt, ist gezwungen, sie zu wiederholen*" (George Santayana). Nur wer sich der Vergangenheit und seiner eigenen Schuld stellt, ebnet den Weg für die Zukunft. Die Kirchen setzten ein Zeichen, das weit über Deutschland hinaus gesehen wurde. Und so nimmt es nicht wunder, dass in die Präambel des Grundgesetzes ein Gottesbezug aufgenommen wurde.

3. Ehrfurcht vor dem Leben

„Aus der Verantwortung vor Gott erwächst eine Verantwortung vor den Menschen, eine ‚Ehrfurcht vor dem Leben'" (Albert Schweitzer). Eine Ehrfurcht vor jedem Menschen als Geschöpf Gottes: *„So schuf Gott die Menschen nach seinem Bild, nach dem Bild Gottes schuf er sie, als Mann und Frau schuf er sie"* *(1. Mose 1,27).*

Wir, die Autoren und Herausgeber dieses Buches, sind Christen. Wir beide kommen aus der Sozialen Arbeit, wir sind ausgebildete Pastoren und heute politisch aktiv.

Frank Heinrich studierte Soziale Arbeit in Freiburg im Breisgau. Er absolvierte eine Ausbildung zum Offizier der Heilsarmee und war gemeinsam mit seiner Frau zwölf Jahre lang Leiter der Heilsarmee in Chemnitz. 2009 wurde er als Direktkandidat in den Deutschen Bundestag gewählt, wo er sich seither schwerpunktmäßig dem Thema Menschenrechte widmet.

Uwe Heimowski machte eine Ausbildung zum Erzieher und studierte anschließend Evangelische Theologie. Seit 2001 ist er Gemeindereferent einer Evangelisch-Freikirchlichen Gemeinde in Gera. Er unterrichtete zehn Jahre Sozialethik an der Berufsakademie Gera. Er arbeitet als Referent für Menschenrechte bei Frank Heinrich. Seit 2014 ist er Mitglied des Stadtrates von Gera.

Als Christen sehen wir unser Handeln in dieser geschichtlichen Perspektive, die bei der Entstehung des Grundgesetzes Pate gestanden hat: Wir leben und arbeiten „in Verantwortung vor Gott und den Menschen". Und wir fragen uns, welche Bedeutung das für unser heutiges Leben und Arbeiten hat. Wo dürfen wir nicht schweigen? Welche Themen müssen wir zur Geltung bringen?

Nehmen wir das Grundgesetz in die Hand. Nach der Präambel mit dem Gottesbezug finden wir in den Artikeln 1 bis 19 die sogenannten „Grundrechte".

Der Text beginnt mit den bekannten Worten:

(1) Die Würde des Menschen ist unantastbar. Sie zu achten und zu schützen ist Verpflichtung aller staatlichen Gewalt.

(2) Das Deutsche Volk bekennt sich darum zu unverletzlichen und unveräußerlichen Menschenrechten als Grundlage jeder menschlichen Gemeinschaft, des Friedens und der Gerechtigkeit in der Welt.

Das steht im Einklang mit der Allgemeinen Erklärung der Menschenrechte, die von den Vereinten Nationen ein knappes Jahr zuvor, am 10. Dezember 1948, formuliert worden war:

„Alle Menschen sind frei und gleich an Würde und Rechten geboren."

Die Würde des Menschen zu schützen, das sagen diese Texte unisono, ist die Aufgabe der Politik. Zu jeder Zeit.

Heute leben wir in einer rechtsstaatlichen Demokratie. Menschenrechte sind in der Verfassung und vielen anderen Gesetzen oder Konventionen verankert: Bürgerliche Rechte. Wirtschaftliche, soziale und kulturelle Rechte. Minderheitsrechte. Und doch müssen wir uns für unsere jeweilige Zeit immer wieder fragen: Wird die Würde des Menschen ausreichend geschützt?

Ein Vergleich mit dem Holocaust, der Euthanasie und der menschenverachtenden Ideologie der Nazis verbietet sich.

Die grausame Einmaligkeit dieser Gräuel kann kein Historiker ernsthaft in Frage stellen.

Doch hat die Geschichte uns Deutsche nicht in besonderer Weise aufmerksam sein lassen, wenn die Würde des Menschen auf dem Spiel steht? Wer, wenn nicht wir, muss die Stimme erheben gegen Antisemitismus, gegen Antiziganismus, gegen Diskriminierung in jeder Form?

Und wer, wenn nicht wir, muss dafür streiten, dass jedes Leben lebenswert ist?

Als Christen und Politiker in dieser Tradition verstehen wir uns als Anwälte für das Leben. Für jedes Leben. Und als solche sehen wir gewisse Entwicklungen in unserer Gesellschaft mit Sorge. Einige davon spiegeln sich in aktuellen politischen Debatten, einige andere scheinen nicht einmal mehr eine Debatte wert zu sein.

Auf mehreren Ebenen sehen wir die Würde des Menschen gefährdet. Und es erschreckt uns, dass diese Gefährdung wie selbstverständlich in die Gesellschaft einsickert und kaum noch als Problem wahrgenommen wird – oder wahrgenommen werden darf. Zwei Themen möchten wir in diesem Buch behandeln:

Ungeborenes Leben, das beendet werden darf, wenn es krank oder behindert ist.

Und Leben auf der letzten Wegstrecke eines Menschen: das Sterben.

4. Schutz des ungeborenen Lebens

Eine intensive Debatte zum Lebensrecht erlebte der Bundestag 2011 beim Thema Präimplantationsdiagnostik (PID). Bei der PID geht es um die Frage, ob eine künstlich befruchtete

Eizelle vor der Implantation in den Uterus auf genetische Krankheiten untersucht und im Falle einer positiven Diagnose vernichtet werden dürfe. Anders gesagt: Darf entstehendes Leben beendet werden, wenn es krank oder behindert ist?

Frank Heinrich hat damals bei der Plenardebatte des Deutschen Bundestages eine Rede zu Protokoll gegeben. Hier ist ein Auszug aus dieser Stellungnahme, in welcher er das ganze ethische Dilemma dargestellt hat, das am Sonderfall der PID deutlich wird, aber doch viel weiter das Thema Lebensschutz aufgreift:

„Hier steht die Familie im Mittelpunkt. Der unerfüllte Kinderwunsch. Das private Glück der Elternschaft. Die persönlichen Lebenswege, gepflastert mit Entscheidungen, Enttäuschungen, Entbehrungen und neuen Hoffnungen. Und dazu kommt die Gefahr einer Risikoschwangerschaft. Die Gefahr, das Kind noch während der Schwangerschaft oder bald nach der Geburt zu verlieren. Eine Gefahr nicht nur für das Glück der Familie, sondern möglicherweise für die körperliche und seelische Gesundheit vor allem der Mutter. Ist da nicht jedes Mittel der Risikominimierung nachvollziehbar, ja notwendig? Keine Mutter, keine Familie macht sich diese Entscheidung leicht. Wie kann ein Mensch das nachvollziehen, der nie in einer vergleichbaren Situation gewesen ist?

Doch auf der anderen Seite steht der Embryo im Mittelpunkt. Der Schutz des ungeborenen Lebens. Der Mensch ist in allen Phasen seines Lebens zu schützen.

Die Kernfrage ist: Wann beginnt dieses Leben? Diese Frage wird von Ethikern, und auch von christlichen Ethikern, unterschiedlich beantwortet. Ist es die Befruchtung, ist es die Entstehung des Bewusstseins?

Wenn man zu dem Schluss kommt, dass der Beginn des Lebens mit der Verschmelzung von Ei und Samenzelle zu datieren ist, dann muss in der Konsequenz dieses Leben von Beginn an zu schützen sein. Die Gefahr einer drohenden Behinderung darf dann kein Argument sein. Menschen mit Behinderungen sind vollwertige und gleichberechtigte Glieder dieser Gesellschaft. Ihre Würde zu schützen ist grundgesetzliche Aufgabe aller Deutschen. Und damit aller Parlamentarier. Die Lebenssituation der Familie ist ebenfalls nachrangig. Der Schutz des Individuums steht an erster Stelle. "

Noch um ein Vielfaches deutlicher wird der gleiche ethische Missstand, dass nämlich die Diagnose einer Behinderung häufig gleichbedeutend mit dem Tod eines ungeborenen Lebens ist, im Bereich der Spätabtreibungen.

Unserer Auffassung nach sind Spätabtreibungen einer der vergessenen und verdrängten Skandale dieser Zeit. Wir haben eine Behindertenrechtskonvention, wir arbeiten für die Inklusion selbst schwerstbehinderter Menschen. Niemand würde ihnen das Lebensrecht oder ihre Würde absprechen. Doch vor der Geburt gelten diese gleichen Rechte praktisch nicht. Die Aussage *„Alle Menschen sind frei und gleich an Würde und Rechten geboren"*, wirkt in diesem Zusammenhang geradezu zynisch. Viele behinderte Kinder werden gar nicht erst geboren.

Nach geltendem Gesetz können auch nach der zwölften Schwangerschaftswoche Kinder im Mutterleib straffrei getötet werden, wenn besonders schwere Behinderungen drohen und die Mutter schwere seelische Belastungen geltend machen kann. Die Zahl solcher Fälle pro Jahr wird von Experten mit etwa 800 beziffert.

Die Praxis der Spätabtreibungen kommt in vielen Fällen einer Kindstötung gleich. Die Stiftung „Tim lebt" beschreibt die gängigsten Methoden auf ihrer Website:

„Spätabtreibungen nennt man einen Schwangerschaftsabbruch, der nach der 23. Schwangerschaftswoche erfolgt. Das Kind ist zu diesem Zeitpunkt bereits lebensfähig. Trotzdem sind Spät-

abtreibungen nach deutschem Gesetz zulässig und werden fast täglich durchgeführt. Der Eingriff ist für die Mutter beschwerlich, auch das Kind erleidet hierbei Schmerzen.

Methoden der Spätabtreibung, die in Deutschland angewendet werden, sind die Prostagladinmethode, die Kaliumchloridmethode und der Kaiserschnitt.

Bei der Prostagladinmethode wird eine Frühgeburt eingeleitet. Das Kind wird ‚geboren‘, indem die Mutter es zur Welt bringt. Sie spürt hierbei das Treten des Kindes in seinem Todeskampf und hört oft auch die Schreie ihres Kindes.

Mit der Kaliumchloridmethode soll das Überleben des Kindes nach der Geburt verhindert werden. Hierzu wird die Bauchdecke der Frau mit einer langen Nadel punktiert und diese Nadel wird unter Ultraschallsicht in das Herz des Ungeborenen gestochen. Das Herz des Kindes hört sofort auf zu schlagen, da Kaliumchlorid die Reizleitung am Herzen unterbindet.

Ein Kaiserschnitt als Abtreibungsmethode wird heute noch angewandt, wenn es unter der eingeleiteten Fehlgeburt zu Problemen kommt.“

Wir sehen in dieser Praxis eine schleichende Aushöhlung der Menschenwürde.

5. In Würde sterben

Selten wurde im Bundestag so emotional und persönlich argumentiert wie am 13. November 2014. In einer ersten Meinungsbildung debattierten die Abgeordneten über das Thema Sterbebegleitung und Sterbehilfe. Immer wieder nahmen Redner Bezug auf ihre eigenen Erfahrungen in Familie und Freundeskreis. Immer wieder leuchtete die Frage auf: Wie kann man die Würde eines Menschen auch am Ende seines Lebens respektieren? Muss man das Leben unter allen Umständen schützen? Muss man die Freiheit des Einzelnen in den Mittelpunkt stellen?

In dieser Gewissensfrage gingen die Positionen für oder wider die begleitete Sterbehilfe quer durch die Fraktionen. Auch durch die CDU/CSU-Fraktion: So sprach sich etwa der Vorsitzende des Menschenrechtsausschusses Michael Brand dagegen aus, der „organisierten Sterbehilfe", also dem Geschäft mit dem Sterben, die Tür zu öffnen. Der Theologe Peter Hintze dagegen lehnte einen „Zwang zum Qualtod" ab.

Weitgehende Einigkeit besteht darin, dass kein Mensch sich genötigt fühlen darf, „sterben zu müssen", weil er eine Last für die Gesellschaft darstellt. Auch darin, dass Ärzte eine größere Rechtssicherheit benötigen. Und nicht zuletzt darin, dass die Palliativmedizin ausgebaut werden muss.

Viele Menschen, die über einen sogenannten „assistierten Suizid" am Lebensende nachdenken, tun dies, weil sie Angehörige haben leiden sehen. Die Angst vor unerträglichen Schmerzen scheint keine andere Wahl als den Freitod zu lassen. Allerdings ist dieser Freitod dann eben kein Freitod – die Lebensumstände lassen dem Sterbenden gar keine Wahl.

Mit der Palliativmedizin besitzen wir heute Möglichkeiten, Schmerzen weitgehend medikamentös zu behandeln und sehr stark zu reduzieren. Eine gute palliative Behandlung senkt den Suizidwunsch erheblich. Ein seelisch gesunder Mensch, der die Chance sieht, sein Leben in Würde zu beenden, der sehnt sich nicht nach einem schnellen Tod.

Wir teilen die Stellungnahme, die die Deutsche Evangelische Allianz 2014 zu diesem Thema verfasst hat:

„Der Geschäftsführende Vorstand der Allianz äußert sich ‚tief davon überzeugt', dass jeder Mensch, vom Zeitpunkt der Ver-

schmelzung von Ei- und Samenzelle an bis zu seinem natürlichen Lebensende, als Gottes Geschöpf der menschlichen Willkür entzogen sei. Aber genauso wenig wie ein Mensch selbst bestimmen könne, ob und wann er zum Leben kommen wolle, habe er auch kein Recht, seinem Leben selbst ein Ende zu setzen und über seinen eigenen Todeszeitpunkt zu bestimmen. Gott gebe das Leben und er beende. Darum sei auch die Beihilfe zur Selbsttötung eine Grenzüberschreitung vermeintlicher Selbstbestimmung. Ärztliches Handeln müsse in erster Linie auf Heilung, bei nicht oder noch nicht möglich erscheinender Heilung auf die Verbesserung des Gesundheitszustandes von Kranken, ausgerichtet sein. Soweit dies nicht möglich sei, könne es nur darum gehen, Schmerzen und Leiden zu mindern."

Eine Gesellschaft, die das Sterben abkürzen will und den Tod aus ihrer Mitte verdrängt, verliert einen wesentlichen Aspekt der menschlichen Würde.

6. Praxisbeispiele

So weit einige einleitende Gedanken zum Thema Menschenwürde und Lebensrecht. Es sollte deutlich geworden sein: In Verantwortung vor Gott und den Menschen und im Bewusstsein unserer besonderen deutschen Geschichte sagen wir Ja zur Würde des Menschen. Wir wollen ein Plädoyer halten für den Lebensschutz.

Es soll uns in diesem Buch aber nicht zu sehr um Theorie gehen, sondern vor allem um Praxis. Wir wollen Menschen zu Wort kommen lassen, die die Würde ihrer behinderten oder kranken Kinder oder der Menschen, die sie pflegen, tagtäglich erleben.

Da beschreibt eine Familie den Druck, den Ärzte auf sie ausüben: „Man muss so ein Kind mit diesem Risiko ja nicht bekommen."

Andere Familien berichten aus dem Alltag mit ihren behinderten Kindern. Ein Vater beschreibt die Erfahrungen mit seiner Tochter, die jahrelang im Wachkoma lag. Ein Palliativpfleger erzählt von seinen Erfahrungen mit sterbenden Menschen und ihren Angehörigen. Sie beschönigen nichts. Wer Ja zum Leben sagt, wählt nicht den einfachen Weg. Aber er füllt mit Leben, was wir Deutsche uns in unser Grundgesetz geschrieben haben:

„Die Würde des Menschen ist unantastbar."

1. TEIL
ANKOMMEN – VOM LEBEN MIT BEHINDERUNG

KAPITEL 2
TALITHA – EINE FALSCHE PROGNOSE

Als Familie Heimowski die ersten Ultraschallbilder bekommt, lautet die Diagnose: Mit großer Wahrscheinlichkeit liegt eine Trisomie vor. Ein übergroßes Ödem im Nackenbereich des Embryos legt für den Arzt diese Vermutung nahe. Das Risiko sei überproportional groß. Ein Down-Syndrom oder ein Turner-Syndrom, beide auf eine Trisomie unterschiedlicher Chromosomen zurückzuführen, sei wahrscheinlich. Der Gynäkologe legt den werdenden Eltern eine Reihe von Untersuchungen nahe. Und immer wieder lassen er und später auch andere Ärzte fallen, dass viele Eltern sich bereits bei viel geringerem Risiko gegen solch eine „Risikoschwangerschaft" entscheiden. Obwohl sie mehrfach deutlich machen, dass für sie eine Abtreibung nicht in Frage kommt, und sie auch bestimmte Untersuchungen ablehnen, gerät das Ehepaar unter enormen Druck.

Talithas Geschichte hat ein Happy End. Sie wird gesund geboren, nimmt eine normale Entwicklung. Das ist die Ausnahme, aber kein absoluter Sonderfall. Manchmal geschieht ein Wunder, wie in dieser Geschichte, und manchmal stimmt schlicht die Diagnose nicht. Und außerdem: Wenn ein Arzt von einem zehnfach erhöhten Risiko auf Behinderung spricht, dieses aber im Regelfall bei weniger als einem Prozent liegt, dann werden auch bei einer solchen „Risikoschwangerschaft" mindestens neun von zehn Kindern gesund geboren.

Den Begriff „Risikoschwangerschaft" haben wir für diese Diagnose übrigens bewusst in Anführungszeichen gesetzt. Es besteht kein Risiko. Weder für das Kind noch für die Mutter. Es besteht die Möglichkeit einer Behinderung, ja, aber keine Gefahr für Leib und Leben. Die wenigsten Untersuchungen bei einer möglichen Trisomie haben kurativen, also heilenden Charakter. Eine Fruchtwasserpunktion etwa kann den Befund bestätigen, aber nicht dazu beitragen, die Behinderung zu „kurieren". Vielmehr besteht der eigentliche Erkenntnisgewinn bei dieser Untersuchung darin, Gewissheit über die Behinderung zu erhalten, was in der Praxis sehr häufig zu einem Schwangerschaftsabbruch führt. Im Übrigen ist das Risiko sehr hoch, den Embryo bei der Untersuchung zu verletzen. In etwa einem Prozent der Fälle geschieht dies und führt in der Regel zu einem Abort. Dennoch muss ein Elternpaar sich geradezu wehren, wenn es diese Untersuchung ablehnt.

Wir haben diese Geschichte ausgewählt, um Eltern Mut zu machen, ihre eigene Gewissensentscheidung zu treffen und sich externem Druck, auch durch Mediziner, nicht zu beugen.

Uwe Heimowski hat damals Tagebuch geführt. Anhand seiner Notizen blickt er zurück.

Am 26. Juni 2001 um 10.32 Uhr erblickte unsere Tochter Talitha das Wasser der Welt – sie wurde in einer Badewanne geboren, im Geburtshaus in Gera. Ein großes, rosiges Mädchen mit einer warmen Speckschicht. 53 cm lang, 4200 g schwer. Gesund. Heute ist sie ein fröhlicher Teenager, besucht die neunte Klasse im Gymnasium, ist Leichtathletin, spielt Flöte und Gitarre. Sie liebt Menschen und möchte einmal Krankenschwester oder Ärztin werden.

Gesund. Was heute so selbstverständlich scheint, war es damals aber gar nicht. Uns war eine Behinderung prognostiziert worden.

Rückblende: Im Oktober 2000 flüsterte meine Frau Christine mir das zärtliche Geheimnis ins Ohr: „Uwe, wir bekommen ein Baby." Wir waren aus dem Häuschen. Melissa war vier, Florian zwei Jahre alt. Zwei richtig tolle Kinder, zu denen wir schon eine Weile gerne noch ein drittes bekommen wollten. Nun hatte es geklappt. Ein Schwangerschaftstest ließ keinen Zweifel zu. Melissa erklärte es mir ganz genau: „Da war nicht nur ein Strich, Papa, da waren zwei Striche. Und wenn da zwei Striche sind, dann ist es ein Baby."

Am 10. November hatte Christine einen Termin beim Frauenarzt, die erste Untersuchung stand an. Ich war auf einer Dienstreise, aber die Kinder durften Mama begleiteten. Aufgeregt erzählten sie mir am nächsten Tag: „Baby bummbumm macht, Baby bummbumm macht!" Florian hatte die Herztöne gehört. Der Arzt hatte die Schwangerschaft bestätigt. Vor Begeisterung kugelten wir alle durch den Hausflur.

Zur nächsten Untersuchung, vier Wochen später, kam ich auch mit. Der Arzt machte die ersten Ultraschallbilder. Das Baby zog alle Register. Es rollte und tollte in Mamas Bauch. Ein winziger Arm winkte auf dem Monitor. Das Herz schlug einwandfrei, die anderen Organe waren intakt. Toll, das zu erleben!

Plötzlich der Schreck. Der Arzt erkannte einen Schatten im Nacken des Embryos. Eine Zyste? Er besah ihn näher. Es war ein riesiges Ödem. Es machte über zwanzig Prozent der Körperlänge aus. Eine solch große Wasseransammlung habe er noch nie gesehen, sagte der erfahrene Gynäkologe, er war sichtlich betroffen. Behutsam machte er uns damit vertraut, dass unser Kind sehr wahrscheinlich eine Behinderung haben würde. Down-Syndrom, Herzfehler, Turner-Syndrom – er wollte sich nicht festlegen. Nicht einmal, ob das Kind lebensfähig sein wird, konnte er sagen. Uns überfiel die Ungewissheit, ein schweres, dumpfes Gefühl. In einem Nebensatz deutete der Arzt an, dass man Kinder bei einem solchen Risiko nicht bekommen müsse. Wir wimmelten die Andeutung ab. Für den übernächsten Tag bekamen wir einen Termin bei einem Spezialisten in Weimar, einem führenden Ultraschall-Experten.

Bedrückt saßen wir auf dem Heimweg im Auto. „Man muss das Kind nicht bekommen", das lag schwer auf Christine und mir. Plötzlich plauderte Melissa los: „Habt ihr gesehen, das Baby hat gewinkt. Es hat bestimmt gesagt: Hallo, ich möchte zu euch kommen!"

Das ging uns mitten durchs Herz. Christine und ich sind uns einig: Wir denken, dass jedes Kind Gottes Geschöpf ist. Deswegen halten wir eine Abtreibung ethisch nur in den allerseltensten Fällen für einen richtigen Weg. Doch der Weg zwischen Kopf und Herz kann weit sein. Trägt eine moralische Haltung auch wirklich in der konkreten Situation? Melissa sprach direkt in unsere Herzen. Tränen flossen. Wir drückten unsere beiden Großen fest an uns. In diesem Moment wurde für uns aus der Überzeugung eine Gewissheit, die ethische Haltung zur Herzensangelegenheit. Melissa hatte für das ungeborene Kind gesprochen und gab eine klare Antwort: Kind, sei willkommen! So wie du bist. Auch mit Behinderung.

Mittags beteten Christine und ich: „Danke Herr, dass unser Baby ein Herz hat und Füße und eine Wirbelsäule und eine Seele – und damit eine Ewigkeit bei dir." Wir nahmen uns in den Arm und weinten lange miteinander.

Am nächsten Tag telefonierte Christine mit einer Freundin. Die erzählte von einer Verwandten in einer ähnlichen Situation. Die Ultraschalldiagnose hätte auf eine Behinderung gedeutet. Sie ließ daraufhin eine Fruchtwasserpunktion vornehmen. Der Verdacht erhärtete sich. Sie entschied sich dennoch für das Kind – und es wurde gesund geboren! Das machte uns Mut.

Dennoch schwankten wir zwischen Gefasstheit und Unsicherheit. Zum Glück konnte meistens einer den anderen stützen. Unsere babybegeisterten Kinder stützten uns beide. Viele Fragen tauchten auf: Wird das Kind Schmerzen haben? Ist es lebensfähig? Kann ich meinen Beruf weiterhin ausüben? Werden unsere Kräfte reichen?

13. Dezember. Termin beim Spezialisten. 3-D-Ultraschall, modernste Technik. Der Embryo zeigt sich von seiner allerbesten Seite: Er dreht sich, führt alles vor. Auch die Wasserblase im Nacken. Sie ist riesig: über 1 cm Durchmesser bei einer Körperlänge von 7,7 cm. Auch diesem Arzt ist ein solches Ödem noch nicht begegnet. Er schätzt das Risiko einer Behinderung auf 20 Prozent ein. Eine Trisomie verschiedener Chromosomen ist ebenso möglich wie eine andere genetische Störung. Auch dieser Arzt weist uns darauf hin, dass sich viele Eltern schon bei weit geringerem Risiko gegen ein Kind entscheiden. Wir erklären ihm unseren Standpunkt. Doch er wiederholt seinen Hinweis. Ich bin wütend, dass ich mich rechtfertigen muss. Kann man sein Kind nicht einfach bekommen wollen, gesund oder behindert?! Der Arzt rät uns, um ganz sicher zu gehen zu einer Fruchtwasserpunktion. Wir sind nicht begeistert. Zuviel haben wir über das Auslösen von Wehen oder ein Verletzen des Kindes gehört. Welchen Nutzen diese Untersuchung für das Kind habe, will ich wissen. Der Experte wiegelt ab. Wir könnten es uns ja in Ruhe überlegen, sagt er.

Im Auto bin ich total froh. Unser Baby wird leben! Es wird kein schmerzhaftes Leiden haben! Wie viele behinderte Kinder sind der Sonnenschein ihrer Familie. Christine ist verunsichert. „Sollen wir nicht doch eine Punktion vornehmen lassen?", fragt sie. „Wenn es dem Kind hilft?" „Aber hilft es dem Kind denn?", frage ich zurück. „Warum empfiehlt es der Arzt dann?" Ja, warum? Andererseits schöpft Christine Hoffnung aus den 80 Prozent Wahrscheinlichkeit, die für ein gesundes Kind sprechen. Ich dagegen bin aus irgendeinem Grund gewiss: Es wird behindert sein.

Zwei Tage später: Der nächste reguläre Termin beim Frauenarzt. Er studiert den Befund seines Kollegen und rät ebenfalls zur Punktion. Auf unsere Frage, wo der therapeutische Sinn läge, antwortet auch er ausweichend. Wir entscheiden uns gegen den Eingriff und für einen harmlosen Bluttest, den sogenannten Triple-Test, mit dem sich eine Trisomie ebenfalls ziemlich sicher bestimmen lässt.

Dazwischen liegt jetzt erst einmal Weihnachten. Wir fahren in die Schweiz und besuchen die Schwiegereltern. Sie sind sehr bedrückt durch unsere Geschichte. Eines Morgens stößt Hildi, meine Schwiegermutter, in ihrer persönlichen Gebetszeit auf eine Geschichte im Neuen Testament, die sie sehr anspricht. Eine blutflüssige Frau berührt Jesus am Saum seines Gewandes und wird im selben Moment gesund. Hildi weiß in diesem Moment: Das Kind wird gesund. Freudestrahlend erzählt sie uns davon. „Schön, dass du diese Hoffnung hast", denke ich zynisch. So richtig will sie mich nicht anstecken. Ich will nicht verdrängen, sondern mich auf ein behindertes Kind einstellen.

Zurück in Deutschland wird der Triple-Test gemacht. Nach zwei Tagen bekommen wir das unfassbare Resultat. Es ist keine Trisomie zu erkennen, kein offener Rücken, kein Herzfehler, nichts. Alles deutet auf ein gesundes Kind hin.

12. Januar. Wir sind wieder beim Ultraschall. Der Arzt macht eine ganze Bildergalerie für uns. Er ist sprachlos. Er kann das Ödem nicht mehr entdecken, jede Spur davon ist verschwunden! Wie er auch schaut, welche Perspektive er auch wählt, der Nacken des Embryos sieht völlig normal

aus. Er kann es nicht fassen. Wir haben ein langes Gespräch. Wir berichten vom Gebetseindruck von Christines Mutter. „Die Gebete scheinen geholfen zu haben", sagt der Arzt. Der bekennende Atheist notiert auf seiner Patientenkarte: „Gebet Schwiegermutter."

Eine Punktion ist nun kein Thema mehr. Dennoch bleibt ein Risiko. Der Arzt will noch keine Entwarnung geben und überweist uns sicherheitshalber nochmal an den Experten in Weimar. Auch hier bestätigt sich der Befund: Das Ödem ist vollständig verschwunden. Der Arzt ist mehr als erstaunt. Jetzt erfahren wir, dass er sich sehr große Sorgen gemacht hatte. Das Risiko war also doch größer gewesen als vermutet. Die Möglichkeit einer Behinderung will dieser Arzt noch nicht ganz ausschließen: Das Kind könnte das Turner-Syndrom haben (mit nur einem X-Chromosom), was sich erst vier bis sechs Wochen nach der Geburt sicher ausschließen lässt. Wir erfahren dadurch, dass wir ein Mädchen bekommen. Wir müssen an das von Jesus auferweckte Mädchen denken und beschließen, sie Talitha zu nennen: „Talitha kumi" – „Mädchen, steh auf" – und komm zu uns.

Die nächsten Wochen und Monate sind von einer unerklärlichen Leichtigkeit bestimmt. Nichts in uns rechnet noch mit einer Behinderung. Wir sind gewiss: Talitha wird gesund sein. Sogar unser übervorsichtiger Gynäkologe stimmt einer Entbindung im Geburtshaus zu, die ohne ärztliche Aufsicht stattfindet. Alles ist normal geworden. Wir freuen uns aufs Baby. Christine wird immer runder und immer schöner.

26. Juni 2001. Talitha ist geboren! Alles ging gut. Sie sieht proper aus und wach. Sie hat ziemlich viel Speck überall, vor allem im Nacken. Die Hebamme lacht: „Vielleicht könnte das den Schatten verursacht haben." Der stolze Papa hängt sich ans Telefon und den Computer und informiert alle, die er findet, von der Geburt seiner „kerngesunden Tochter".

Ein Tag später: Die Kinderärztin kommt. Routineuntersuchung U1. Sie stutzt über den „Stiernacken" von Talitha. Christine erzählt ihr von dem Verdacht auf Turner-Syndrom. Die Ärztin nickt: „Das könnte die Ursache sein, ja, das könnte in Frage kommen." Sie rät zu einer genetischen Blutuntersuchung durch die Uniklinik Jena. Wir hatten nicht mehr damit gerechnet. Zum Glück sind wir so verliebt in unsere Tochter, dass schon ein Blick von ihr das Sorgengespenst immer wieder vertreibt. Und trotzdem ist es ein Schock. Vier bis sechs lange, unsichere Wochen liegen vor uns.

10. September. Es sind zehn lange Wochen geworden. Heute war der Termin in der Uniklinik. Blutabnahme – und dann werden wir wieder warten müssen. Die Blutabnahme erfolgt nach zwei erfolglosen, aber schmerzhaften Versuchen am Arm aus einer Kopfvene. Es sieht grausig aus. Talitha schreit wie am Spieß. Könnte ich wirklich ertragen, wenn mein Kind dauerhaft krank wäre? Wie muss es Eltern gehen, die das Tag für Tag erleben müssen?

Die Ergebnisse, so hieß es, lägen nach zwei Wochen vor. Christine ruft an und wird auf weitere 14 Tage vertröstet. Und dann wieder. Und wieder.

Derweil entwickelt sich Talitha prächtig. Mit wachen, aufmerksamen Augen schaut sie in die Welt. Sie lacht viel. Tatsächlich, sie ist ein Sonnenschein. So wie sie ist. Wer kann hierzu schon nein sagen?

Mitte November kommt endlich die Nachricht. Es gibt kaum etwas Schlimmeres als Ungewissheit. Jetzt wissen wir es endgültig: Talitha ist gesund.

Nachtrag:
Zum Frühstück stimmten wir ein Lied an: „Vater, wir danken dir." Wir hatten einen Gast in der Familie. Er sang nicht mit. Mit gesenktem Kopf saß er dabei. „Früher habe ich auch gebetet", erzählte er später, „aber seit das mit unserem Kind passiert

ist …" Es war eine Fehlgeburt. Die dritte. Diesmal im siebten Monat.

Georg Büchner sagte einmal: „Das Leid ist der Fels des Atheismus." Ja, das kann man verstehen. Wie viel Hoffnung hatte dieses junge Paar, und wie viel Mut, auch eine dritte Schwangerschaft zu wagen. Die letzte Enttäuschung war eine zu viel. Sie können nicht mehr beten – und wer will es ihnen verdenken?

Und du sitzt am Tisch, bist Vater von fünf gesunden Kindern, eines davon wurde durch ein Wunder gesund, und singst ein fröhliches Morgenlied. Glück und Leid liegen so nah beieinander. Da bohren die Fragen in einem: „Gott, warum ist das so? Warum geht es den einen schlecht, den anderen gut? Warum ist das Leben oft so ungerecht?"

Sie bleiben unbeantwortet. Glück und Leid steht nebeneinander.

„Freut euch mit den Fröhlichen und weint mit den Weinenden", heißt es im Römerbrief. So möchte ich leben: Demütig genug, um die unbeantworteten Fragen auszuhalten, und mutig genug, das Glück und das Leid der anderen zu teilen. Zuhören, trösten – und stellvertretend das Gebet für den Menschen sprechen, dessen Worte versiegt sind.

KAPITEL 3
AJMEN – PFLEGEELTERN FÜR EIN KIND
MIT DOWN-SYNDROM

Frank Heinrichs Schwester, Bärbel Edinger, und ihr Mann Markus haben einen Säugling mit Down-Syndrom in ihre Familie aufgenommen. Als Christen sind sie überzeugt, dass jedes Kind das Recht auf Leben hat. Doch diese theoretische Überzeugung wurde konkret und praktisch, als sie angefragt wurden, ob sie bereit seien, einen Jungen mit Down-Syndrom in Pflege zu nehmen.

Wer sich für den Schutz des Lebens einsetzt, wird immer wieder an diesen Punkt kommen, wo neben moralischen Überzeugungen und politischen Forderungen der persönliche Einsatz gefragt ist. Mütter in kritischen Lebenssituationen brauchen emotionalen Halt und häufig auch praktische, materielle Hilfen, um sich für ein Kind zu entscheiden. Christen sind hier gefordert, nicht verurteilend, sondern helfend zur Verfügung zu stehen.

Es ist eine existentielle Herausforderung, ein behindertes Kind zu erwarten. Dies kann für die Gebärende eine Aufgabe sein, der sie nicht gewachsen ist. Niemand hat das Recht, sie dafür zu verurteilen. Es braucht großen Mut, dieses Kind zu gebären und es dann in die Obhut anderer Menschen zu geben. Mütter, die eine solche Entscheidung treffen, verdienen großen Respekt.

Was wird nach der Geburt aus einem behinderten Kind?
Plätze in Pflege- oder Adoptivfamilien sind rar. Und machen
wir uns nichts vor: Ein Kind mit Behinderung zur Pflege auf-
zunehmen oder zu adoptieren ist ein sehr großer Schritt für ein
Paar. Die neuen Eltern hatten keine neun Monate Zeit, sich an
das Kind zu gewöhnen. Sie stehen vor ungeahnten Herausforde-
rungen, nicht nur, was Therapie und Förderung für das Kind
angeht, auch der ganz normale Alltag wird vollkommen verän-
dert. Die Belastung ist hoch. Persönlich, als Paar, als Familie.
Negative Rückmeldungen und Ablehnung von Bekannten sind
zum Teil erschütternd.

Edingers haben diese Herausforderung angenommen. Im
Rückblick war es die richtige Entscheidung, sagen sie nach
zwanzig Jahren. Auch wenn es nicht immer leicht war, nicht
immer leicht ist.

Der Anruf kommt aus heiterem Himmel. Ende März 1995
klingelt bei Edingers das Telefon. Es sind Freunde – mit einem Hilferuf. In Stuttgart würden umgehend Eltern für einen acht Wochen alten Jungen mit Down-Syndrom gesucht.
Das Jugendamt fände niemanden, der bereit sei, ihn aufzu-
nehmen. Die Freunde wissen, dass Edingers zwar noch keine
eigenen Kinder haben, sich aber eine Familie wünschen:
„Darum haben wir an euch gedacht."

Auch wenn die Anfrage überfallartig kommt, rührt sich
etwas in den beiden, sie fühlen sich angesprochen. Allerdings haben sie sich noch nie mit dem Thema Behinderung
beschäftigt. So erbitten sie sich zehn Tage Bedenkzeit. Während dieser Zeit setzt sich das Ehepaar intensiv mit dem
Down-Syndrom auseinander. Sie lesen eine ganze Reihe von
Büchern und Artikeln in Fachzeitschriften, führen Gespräche mit Bekannten, mit Ärzten und Pädagogen. Als die zehn
Tage verstrichen sind, empfinden sie die gleiche Unsicherheit wie am Anfang. Trotz ihrer grundsätzlichen Bereitschaft

bleibt für Edingers der Zweifel, ob sie der Aufgabe wirklich gewachsen sind. Sie vereinbaren ein Treffen mit dem Kind. In der Hoffnung, dass bei einer ersten Begegnung ein Funke überspringen und ihnen dann bei der Entscheidung helfen würde.

Doch die Situation entwickelt sich anders als gedacht. Beim Besuch im Krankenhaus erfahren sie, dass Ajmen, wie der Junge heißt, gar keine Pflegeeltern braucht. Sein Gesundheitszustand ist so schlecht, dass die Ärzte damit rechnen, dass er innerhalb kurzer Zeit sterben würde. Edingers ist damit die Entscheidung abgenommen, emotional aber haben sie sich eine ziemliche Last aufgebürdet. Denn der besagte Funke ist tatsächlich übergesprungen.

Nach zehn aufwühlenden Tage bekommen sie die Nachricht aus dem Krankenhaus: Der Junge ist gesundheitlich stabil, er braucht nun doch Pflegeeltern. Edingers beschreiben diese Wende mit berührenden Worten: „Ab dem Moment, als wir ihn in seinem Zimmer besuchten, hat sich der Junge für uns entschieden." Die Ärzte stellen fest, dass wie durch ein Wunder alle lebensbedrohlichen Krankheiten verschwunden sind – es sind mehrere Befunde gewesen, darunter auch eine Leukämie. Die Krankenhausseelsorgerin, die den Jungen täglich begleitet hat, bestätigt seine erstaunliche gesundheitliche Wende. Dieses Wunder und der Eindruck, dass sich das Baby in seiner ganzen Unzulänglichkeit für sie entschieden hat, macht es Edingers nun leicht, „Ja" zu ihm zu sagen. Drei Tage später holen sie Ajmen aus dem Krankenhaus ab. Das „Abenteuer", wie sie es nennen, hat begonnen.

Edingers haben überlegt, ob sie ihr Umfeld im Vorhinein informieren sollten, entscheiden sich aber dagegen, um in ihrer Entscheidung nicht beeinflusst oder unter Druck gesetzt zu werden. Nur drei enge Freunde haben sie um Rat und Gebet gefragt. Nun ernten sie heftige Reaktionen.

Diese reichen von begeisterter Anteilnahme, die allerdings die Ausnahme ist, bis hin zu ängstlicher Ablehnung und völliger Verständnislosigkeit. Sie müssen sich Sätze wie diese anhören: „Ihr verbaut euer junges Leben", „Wie kann man ein Kind zweiter Wahl nehmen?" oder: „Wie kann man sich freiwillig für ein behindertes Kind entscheiden, ihr wisst doch gar nicht, was auf euch zukommt?" Edingers begegnen Bekannten, die bewusst nicht in den Kinderwagen schauen oder ihnen aus dem Weg gehen, um nicht „zu diesem Kind" gratulieren zu müssen. Mit einer solchen Wucht von Ablehnung hat die junge Familie tatsächlich nicht gerechnet. Es tut ihnen gut, dass die Eltern und Geschwister sich zu ihnen stellen und sie unterstützen, wo es ihnen möglich ist.

Nicht nur der Umstand, dass Ajmen mit Down-Syndrom geboren wurde, macht die Situation schwierig. Bärbel Edinger erlebt die Ambivalenz aller Pflegemütter. Es macht sie traurig, dass die Aufmerksamkeit, die junge Eltern und insbesondere eine Mutter normalerweise bei der Geburt ihres Kindes erlebt, mehr oder weniger untergeht. Es ist ja nicht ihr eigenes Kind …

Als Ajmen in die Familie kommt, ist er „ein winziges Würmchen", das sich nur sehr langsam entwickelt. Edingers erkennen im Rückblick, dass ihnen das geholfen hat, in die neue Verantwortung hineinzuwachsen. Sie merken, dass ihre neue Rolle viel Zeit braucht, manchmal sind die Pflegeeltern da ungeduldiger als das Kind selbst.

Trotz der wunderbaren Genesung bleibt Ajmens Gesundheitszustand ihre größte Sorge. Nach zehn Wochen auf der Isolierstation ist er direkt in die Familie gekommen. Alle sind froh, dass er sich stabilisiert hat, doch noch kann niemand absehen, wie stark ausgeprägt seine Behinderung sein würde. Außerdem wird eine Nahrungsmittelunverträglichkeit festgestellt. Auch damit müssen Edingers erst einmal umgehen lernen – und die eigenen Essgewohnheiten umstellen.

Ajmens Gesundheit bleibt wechselhaft. Einige Ängste lösen sich quasi von selbst auf. Eine Immunschwäche, möglicherweise als Folge der Leukämie, wird diagnostiziert, doch tatsächlich ist Ajmen weniger krank als die meisten anderen Kinder in seiner Umgebung. Allerdings entwickelt er Probleme mit den Ohren, muss gleich im ersten Jahr operiert werden, und dies wiederholt sich in den folgenden Jahre mehrfach. Über 14-mal wird Ajmen operiert. Edingers sind in diesen ersten Jahren sehr herausgefordert. Die vielen Termine, die immer neuen Sorgen. Aber sie erklären deutlich: „Wir haben nie an unserer Entscheidung gezweifelt."

Die größte Herausforderung im Alltag ist für die Familie, dass bis heute immer jemand für Ajmen mitdenken muss. Er kann nicht für sich selbst sorgen, ist immer auf andere angewiesen. Er kann sich nicht vollständig anziehen, nicht alleine auf die Toilette gehen, geschweige denn alleine duschen. Ajmen kann nicht schreiben, lesen oder rechnen. Fahrrad zu fahren oder sonstigen Sport zu treiben, ist ihm unmöglich. Ajmen kann sich nur sehr schlecht spontan auf irgendetwas einstellen, er braucht immer eine Vorlaufzeit. Es muss jemand zu Hause sein, wenn er heimkommt, und er kann auch nicht alleine im Haus bleiben.

Dennoch haben sich die Bedenken des Paares, ob sie Ajmen mit seiner Behinderung wirklich von Herzen lieben könnten, nie bestätigt. Sie haben festgestellt, dass Liebe nicht gebunden ist an die Leistung oder das Können eines Kindes. Auch nicht an das, was eine Gesellschaft als gesund oder normal bezeichnet.

Ajmens Wesen hat dabei sicher eine Brücke geschlagen. Wie viele Kinder mit Down-Syndrom ist auch er von Anfang an ein liebenswerter Junge, der sich mit seinem besonderen Charakter in die Herzen der Menschen hineinliebt. Er besitzt eine hohe Empathiefähigkeit, Ajmen hat ein Gespür dafür, wer Zuspruch und Liebe braucht. Dies teilt er dann auch großzügig aus, großzügiger vielleicht als ein „Normaler", weil ihn keine falschen Bedenken hemmen. Ajmen hat so manchen zum Lachen oder Weinen gebracht. Bärbel Edinger erzählt: „Sein Lebensstil und seine Echtheit stellen unser Leben manchmal in Frage. Wir fragen uns sehr oft, wer hier eigentlich behindert ist. Denn seine Art zu leben ist viel direkter, dankbarer, ehrlicher, sensibler und herzlicher als bei den meisten Menschen, die wir kennen. Er hat eine Beziehung zu Gott, die uns oft staunen lässt und zeigt, wie sehr uns oft unser Verstand im Weg steht. Durch und mit Ajmen haben wir eine Menge mit Gott erlebt, das unser Leben reich gemacht hat, und das wir nicht missen möchten."

So können seine Eltern aufrichtig sagen: „Ajmen ist eine Bereicherung für uns als Eltern, als Familie und besonders auch für unsere Gemeinde."

KAPITEL 4
DAVID – FAMILIENALLTAG MIT EINEM SCHWERSTBEHINDERTEN KIND

Wie verändert sich der Familienalltag, wenn das vierte Kind mit einer Behinderung geboren wird? Zumal dann, wenn die Schwangerschaft normal verlaufen war und nichts auf eine Behinderung hindeutete? Was macht es mit einer Familie, wenn ein Kind mit einem relativ harmlosen Befund (Gaumenspalte) zur Welt kommt, der sich nach und nach aber als Schwerstbehinderung herausstellt? Wie gehen die Eltern damit um, wie die Geschwister, der Freundeskreis? Wie sieht diese Herausforderung ganz praktisch aus?

Kathrin (Schriftsetzerin und Hausfrau) und Andreas Körnich (Schulleiter) mit ihren Kindern Jakob (15), Aaron (12), Mirjam (10), David (8) und Noah (6) waren zu einem offenen Gespräch über ihre Erlebnisse und Gefühle bereit.

David wird am 7. September 2007 geboren. Er ist das vierte Kind der Familie Körnich. Die Schwangerschaft verläuft normal. Doch plötzlich verschlechtern sich die Herztöne, ein Notkaiserschnitt wird nötig. Die Ärzte stellen gleich nach der Geburt eine Gaumenspalte fest. Das sei eine Routineangelegenheit, erfahren die Eltern, und nach einer Operation werde sich alles schnell normalisieren.

Mehr Informationen bekommen Körnichs nicht. Mit der Diagnose „Gaumenspalte" bleiben sie allein. Sie sind verunsichert. Was bedeutet das für ihr Kind und für die Familie? Sie behelfen sich mit Google und finden eine ungefilterte Fülle an Informationen. Dies ist nicht nur hilfreich. Manche Informationen sind nützlich, andere verwirrend und nicht wenige sogar beängstigend.

Nach zwei Wochen auf der Intensivstation wird David an die Uniklinik Tübingen verlegt, ins Zentrum für Mund- und Gesichtschirurgie. Nun bekommen die Eltern endlich alle notwendigen medizinischen Informationen zur Gaumenspalte und ihr Sohn eine gute Betreuung. David muss für einige Zeit auf der Intensivstation bleiben. Die Gaumenspalte des Säuglings wird mit einer speziellen Platte verschlossen, damit kann David ohne Sonde ernährt werden und eine weitgehend normale Nahrungsaufnahme ist möglich.

Noch auf der Kinderintensivstation stehen zwei Humangenetiker neben Davids Bett. Das löst merkwürdige Gefühle aus: „Was wollen die, wenn nach der Operation alles wieder gut ist?" Die erste OP zum Verschluss der Gaumenspalte erfolgt, als David sieben Monate alt ist. Sie verläuft erfolgreich. Doch danach ist nicht alles normal. David ist das vierte Kind der Familie; Körnichs haben die Entwicklung eines Kleinkindes schon dreimal erlebt. David ist anders: Er dreht sich später, sieht anders aus – seine Ohren stehen ab. Er hat verstärkten Haarwuchs, seine Motorik ist eingeschränkt. Jedes Essen wird zu einem „Drama".

Auf Wunsch der Eltern überweist sie der Kinderarzt in das Sozialpädiatrische Zentrum (SPZ) der Uniklinik Tübingen. David ist mittlerweile ein Jahr alt. Im SPZ werden sie mit dem Befund konfrontiert. Ein „sehr unsensibler Professor" erklärt ihnen: Davids Kopf ist zu klein, dadurch ist sein Gehirn nicht ausreichend ausgebildet, er hat eine schwere geistige Behinderung. Auch Davids Körper ist zu klein, die Körperspannung ist sehr gering, David wird nie Sitzen und Laufen lernen, ist also auch körperlich ein schwerstbehindertes Kind. Die Eltern sind von den Informationen wie vor den Kopf geschlagen. Doch langsam weicht der Schock ihrem Realitätssinn: Sie hatten ja gemerkt, dass ihr Kind allgemein zu klein und seine Entwicklung verzögert war. Sie selbst hatten ja auf eine Untersuchung bestanden – nun passte alles zueinander.

Davids behandelnde Ärzte zeichnen sich durch hohe Professionalität und Einfühlungsvermögen aus. Auch die Eltern bilden sich selbstständig weiter, um zu wissen, was für ihren Sohn hilfreich ist und was nicht. Sie stoßen dadurch auch die eigentliche Diagnose an. Bei ihrer Recherche hören sie von einem Gendefekt, welcher alle Merkmale aufweist, die sie bei David beobachten, dem sogenannten „Kabuki-Syndrom". Dieses wird im Jahr 2011 bestätigt.

Sehr schnell nach dem niederschmetternden Befund erwacht bei den Eltern neuer Optimismus: David ist zwar behindert, sagen sie sich, aber er hat Entwicklungspotenzial. Von Anfang an erhält der Junge verschiedene Therapien: Physio-, Ergo- und Logotherapie und zusätzlich eine Frühförderung. Auch die Eltern investieren viel Zeit in diese Therapien. Körnichs sind dankbar für das Gesundheitssystem in Deutschland, das die Finanzierungen für die notwendigen Therapien, Hilfsmittel und Nahrungsergänzungen in der Regel ohne Probleme übernimmt. Wenn einmal etwas hakt, treten sie vehement für David und seine Rechte ein. „Da wird man selbstbewusster mit der Zeit", stellen sie fest. Auch das Pflegegeld hilft: Für Kathrin Körnich ist die Betreuung ihres Sohnes ein Vollzeitjob geworden.

Die ersten Lebensmonate und -jahre waren geprägt von der schwierigen Ernährungssituation. Anfangs musste David mit einer kleinen Spritze Tröpfchen für Tröpfchen eingeflößt werden, oft dauert eine einzige Mahlzeit fast eine Stunde. Heute kann er selbstständig mit einer kleinen Gabel und einem Löffel essen und trinkt aus einem normalen Becher. Aber das hat viele Jahre gedauert. Im Nachhinein sind die Eltern froh, dass sie das alles nicht schon vorher gewusst haben. Doch die Kraft hat immer für den Moment gereicht. Körnichs wachsen an der Situation, im Rückblick stellen sie fest, dass es so wohl leichter zu stemmen war, als wenn sie alle Herausforderungen schon „im Komplettpaket" gewusst hätten.

Denn dieses Komplettpaket ist nicht ohne: David kann bis heute fast nicht sprechen, erst seit Kurzem sagt er „Mama" und „Ja". Innerhalb der Familie wendet er Gebärden an, um sich zu verständigen. Er hat eigene Zeichen entwickelt, für seine Geschwister, für Essen und Trinken, für Musik, um auf Toilette zu gehen. Mithilfe eines Sprachcomputers gelingt ihm zunehmend weitere Kommunikation. Seine körperlichen Defizite sind gravierend: David ist kleinwüchsig und hat erst mit vier Jahren laufen gelernt. Viele Jahre litt er an einer chronischen Mittelohrentzündung, zwei- bis dreimal pro Woche musste er zur Behandlung. Seit Sommer 2014 trägt er eine sehr starke Brille. Doch es gibt auch immer wieder kleine Fortschritte: Aufgrund seiner schwachen Muskulatur darf David nur kurze Strecken laufen. Mit seinem dreirädrigen Fahrrad und seit neuestem seinem „coolen" Rollstuhl begleitet er die Familie begeistert bei Spaziergängen und Ausflügen.

Der Familienalltag orientiert sich insgesamt stark an Davids Bedürfnissen. Besuche bei anderen Familien sind für Körnichs immer mit sehr viel Stress verbunden, David bewegt sich in seinem gewohnten Umfeld am sichersten, in fremder Umgebung muss er ständig beaufsichtigt werden. Auch Urlaubsziele müssen nach Davids Anforderungen ausgesucht werden. Und bei alldem ist die größte Herausforderung manchmal die Erziehung: David trotz seiner Behinderung und all der vielen Therapien einfach Kind sein zu lassen, ist nicht einfach. Und ihn zu erziehen und nicht in eine „Verwöhnfalle" hineinzutappen, wie die Eltern es nennen, ist genauso wichtig. David brauche „trotz seiner Schwäche, die gleiche Konsequenz und Liebe wie alle anderen Kinder auch." Schwierig wird dies, weil alle seine Entwicklungsschritte länger andauern, eben auch die Trotzphase – und wahrscheinlich später die Pubertät.

Sehr dankbar sind sie, als zwei Jahre nach Davids Geburt das Nesthäkchen Noah gesund auf die Welt kommt. Kathrin Körnich sagt: „Für unser fünftes Kind haben wir uns sehr bewusst entschieden – soweit man da von einer „Entscheidung" sprechen kann. Damit lösten wir in unserem Umfeld nicht nur Begeisterung aus: „Wie wollt ihr das schaffen – fünf Kinder und davon eins behindert!"

All dies geht natürlich nicht spurlos an den Eltern vorbei, sondern zerrt massiv an ihnen. Körperlich und auch seelisch. Der Alltag mit fünf Kindern und dazu Davids Behinderung lässt ihnen kaum Zeit, zur Ruhe zu kommen oder zwischendurch auch zu trauern. Denn auch wenn sie ihren Sohn uneingeschränkt lieben, mussten sie doch einige Hoffnungen beerdigen. Immer wieder kommen diese Momente, wo es Mutter und Vater einfach schmerzt, dass David „anders" ist. Immer wieder gibt es Zeiten, wo die Eltern sich Sorgen um die Zukunft machen. Die Einschulung ist ein solcher Moment. Andreas Körnich beschreibt seine Gefühle: „Natürlich denkt man, dass es eigentlich schön wäre, wenn er „ganz normal" in die Schule gehen könnte und Lesen, Schreiben und Rechnen lernt." Aber das wird nicht so sein ... In den schweren Tagen hat Körnichs ihr Glaube geholfen und dass sie immer ein „Ja" zu David hatten.

Denn die Freude an David überwiegt. Die Eltern kommen ins Schwärmen, wenn sie ihren Sohn beschreiben: David ist absolut lebensbejahend, er sprüht vor Lebensfreude und Mut, liebt und genießt den Moment. Vielleicht weil er seine Situation nicht anders kennt. Ihm ist es nicht peinlich, zu hüpfen und zu tanzen. Und auch, wenn er nicht sprechen kann, singt er gerne – und lauthals. Die Geschwister „lieben David über alles" und empfinden ihn nicht als Last, sondern unterstützen ihn, wo sie nur können.

Die Reaktionen von Freunden, Bekannten und Kollegen auf David waren anfangs sehr gemischt. Im engsten Freundeskreis erfährt David eine offene Annahme. Er wird geliebt und so akzeptiert, wie er ist. Viele weniger gute Bekannte reagieren eher zurückhaltend oder unsicher. „Vielleicht einfach aus Überforderung", vermuten Körnichs. Es ist schwer, von außen die Dimension der Behinderung richtig einzuordnen. Und mancher weiß nicht so recht, wie er richtig nachfragen kann. Da mischen sich Scham, Unbeholfenheit und viele andere Gefühle. Ihre Gemeinde betete regelmäßig für die Familie, und das spürten sie auch, es tat ihnen gut. Dennoch blieb die Familie anfänglich eher allein, nur vereinzelt wurde praktisch mit angepackt. Wirkliche Ausgrenzungen erlebte die Familie bis heute nur sehr selten. Vielleicht weil sie sehr offen mit Davids Behinderung umgehen. Körnichs strahlen: „Für uns – und unsere Kinder sowieso – gilt: Warum sollten wir einen solch tollen Jungen verstecken?"

Auswirkungen hat das Leben mit einem behinderten Kind auf vielen Ebenen. Bei Andreas Körnich verändert sich mit David sogar das eigene Berufsbild. Er ist Schulleiter einer Grundschule und in seiner Schule wird um die Zeit von Davids Geburt herum gerade über das Thema „Förderschule" nachgedacht. Er erlebt es als sehr hilfreich, dass er selbst ein behindertes Kind hat, und damit den Eltern ganz anders gegenübertreten kann. Er ist ja einer von ihnen.

In der Kirchgemeinde in Zwickau ist David ein wichtiges Mitglied. Gerade seine große Lebensfreude ist ansteckend, und wie er seinen Glauben lebt, ist sehr motivierend für andere Menschen. Im letzten Jahr wurde David auch für die iranischen Flüchtlinge, die die Gemeinde betreut, zu einer wichtigen Integrationsfigur. David geht auf alle Menschen offen und vorbehaltlos zu. Er hat ein großes Empfinden für die Gefühle von Menschen und spürt, was jeder braucht. Es gibt Menschen, die aus verschiedenen Gründen lange keine Kinder mehr auf den Arm nehmen konnten, und mit David wieder einen Anfang machten.

Das vorläufige Fazit der Eltern ist: „Grundsätzlich haben die Jahre mit David sehr viel Kraft und Zeit gekostet. Aber wir wollen sie nicht missen. Wir würden eher sagen: David hat uns gerade noch gefehlt! Er hat uns barmherziger gemacht, er hat die Prioritäten bei uns und auch bei unseren anderen Kindern verschoben. Er hat uns Mut gemacht, nicht perfekt sein zu müssen und trotzdem glücklich zu sein. Er hat uns geholfen, Gott besser zu verstehen: Wenn man David beim Lobpreis sieht oder realisiert, wie ernsthaft er Gebet und Segen in sich aufnimmt, dann kann einen das nicht unberührt lassen. David hat uns gelehrt, ein Herz für andere Menschen zu haben, dankbar zu sein und nicht allem hinterherlaufen zu müssen …"

KAPITEL 5
MARC – DER LANGE WEG ZUR DIAGNOSE „AUTISMUS"

Als Marc geboren wird, scheint für Bettina Klöckner in der Entwicklung des Kindes alles normal. Als sie merkt, dass etwas ins Stocken gerät, beginnt ein schwerer Weg für sie, um zu verstehen, was nun tatsächlich der Grund für Marcs Störung ist. In der DDR war Autismus kaum bekannt, die Schuld wurde bei der Mutter gesucht.

Ein Bericht über acht Jahre Ungewissheit – und einen besonderen jungen Mann.

Schwangerschaft, Geburt, das erste Lebensjahr. Alles ist im Lot. Nichts an Marcs Entwicklung lässt auf mögliche Schwierigkeiten schließen. Doch dann, er ist achtzehn Monate alt, verhält er sich anders als bisher. Das Kleinkind reagiert oft nicht, wenn es angesprochen wird. Marc scheint Dinge, die er bereits gelernt hat, wieder zu vergessen. Plötzlich setzt er Bausteine nur noch nebeneinander, obwohl er vorher schon dreidimensional bauen kann. Seiner Mutter fällt das auf, es beunruhigt sie aber nicht, weil in der Entwicklung bis dahin ja alles gut gewesen ist.

Dann wird sie von einer Erzieherin aus der Kinderkrippe auf Marc angesprochen. Vor allem die Ansprache-Problematik ist der Pädagogin aufgefallen und sie meint, Marc könnte möglicherweise gehörlos sein. Außerdem reagiere er oft extrem aggressiv. Die Mutter wird sehr direkt gefragt, ob bei ihr zu Hause alles in Ordnung sei. Das ist es leider nicht. Zu diesem Zeitpunkt lebt sie in Scheidung von ihrem ersten Mann. Die Krippe schickt eine Meldung an die Jugendfürsorge der DDR, das heutige Jugendamt. Eine Kinderärztin stellte die Diagnose „Verhaltensgestört aufgrund der Scheidung der Eltern".

Für Mutter und Kind begann damit eine wahre Ärzte-Odyssee: Kinderarzt, Orthopäde, HNO-Arzt, Therapeuten. Dann kommt die politische Wende und plötzlich sind die rechtlichen Grundlagen und die Übernahme der Kosten in der Schwebe. Bettina Klöckner, die auch noch ihre Arbeit als Zerspanerin verliert, ist am Boden zerstört: „Man attestierte mir also die Unfähigkeit zur Erziehung, was dazu führte, dass ich mit Marc monatlich die vierzig Kilometer von Triptis nach Gera fahren musste, um da bei einem Kinderneurologen zur Therapie zu gehen. Das Ergebnis waren oft Kaufempfehlungen vom neuesten Therapiespielzeug aus dem Westen. Zu Preisen, die sich eine alleinerziehende, arbeitslose Mutter nicht mal annähernd leisten konnte." Die Therapien bleiben wirkungslos.

Nach der Wiedervereinigung Deutschlands entsteht in der Jugendhilfe zunächst ein Vakuum. Die sozialistische Jugendfürsorge gibt es nicht mehr, das neue Jugendamt ist noch nicht aufgebaut. Für Marc und seine Mutter bedeutet dies erst mal ein Aufatmen. Der Druck zu Therapien ist plötzlich weg. Andererseits wird Marcs Entwicklung kaum gefördert, die eigentliche Diagnose bleibt unbekannt.

Nach vier Jahren heiratet Bettina Klöckner ihren jetzigen Mann Karl-Heinz. Die Familie zieht nach Gera. Dort gibt es andere Möglichkeiten als im ländlichen Triptis. Über das Jugendamt bekommt Marc einen Kindergartenplatz in der ersten integrativen Einrichtung der Stadt. Marcs Entwicklung bleibt verzögert, er wird für ein Jahr von der Schule zurückgestellt, bevor er mit siebeneinhalb schließlich in die Grundschule kommt. Dort verschlimmert sich sein Zustand zusehends. Er kann nicht folgen, bekommt Wutanfälle, einmal rennt er mit dem Kopf gegen die Kleiderhaken. An eine sinnvolle Beschulung ist nicht zu denken. Wieder folgt ein Termin bei einem Kinderneurologen. Der Arzt untersucht Marc und äußert vorsichtig, dass er eine Vermutung habe. Zur Diagnostik überweist er Marc stationär für acht Wochen in eine Kinder- und Jugendpsychiatrie. Für die ganze Familie ist es „eine der schlimmsten Zeiten in seinem und unserem Leben."

Am Ende steht dann aber endlich eine Diagnose: „Frühkindlicher Autismus mit einem IQ von 120, aber einer Reaktionsverzögerung von 30 Minuten". Das ist 1995 – Marc ist acht Jahre alt.

Auf der einen Seite tut die Gewissheit gut. Der „Makel" der unfähigen Mutter ist weg. Klöckners haben endlich die Bestätigung, dass es einen Grund für Marcs Verhalten gibt. Andererseits bleiben auch mit der Diagnose viele Fragezeichen. Kaum jemand kann der Familie erklären, was Autismus eigentlich ist, ob und wie man ihn behandeln kann. Fest steht nur: Es ist eine Verhaltensbehinderung, die nicht heilbar ist. Obwohl Agnostikerin, ist die erste Frage der Mutter: „Gott, warum mein Kind? Der hat doch noch nix ausgefressen! Das war doch ich!" Die Selbstvorwürfe sind noch sehr lebendig. Insgesamt bleibt eine große Unsicherheit. Würde sich diese Behinderung auf die Lebensdauer des Kindes auswirken? Eine beängstigende Frage, wenn man nicht weiß, was Autismus ist, geschweige denn, wie er sich auswirkt.

Auch andere Sorgen tauchen auf. Wirkt sich Autismus auf die körperliche Gesundheit aus? Marc kann Wärme und

Kälte nicht spüren, also müssen die Eltern und später Marc lernen, woran man erkennt, was man anziehen muss. Dann gibt es noch die Sorgen um die Zukunft. Wie wird es sein, wenn Marc groß ist. Kann er einer Arbeit nachgehen? Wird er ausgeglichen sein? Hat er Freude am Leben? Wie werden seine sozialen Kontakte sein?

Von der Kinder- und Jugendpsychiatrie bekommt die Familie nach der Diagnose nur einige allgemeine Informationen über das Behinderungsbild. Bettina Klöckner erinnert sich: „Leider kam von Seiten der Klinik nur, was diese Kinder nicht können und warum sie es nicht können, aber nie Vorschläge, was man machen kann, damit etwas doch gelingt. Ein Satz ist mir da noch in Erinnerung: ‚Der Knackpunkt ist die Pubertät! Da kann es besser werden, schlechter werden oder so bleiben!‘ Herzlichen Dank für diese Auskunft …“ Die Mutter beginnt, Bücher zu lesen, um sich über die Behinderung zu informieren. Viele sind Lebensberichte. Meistens allerdings von Müttern autistischer Kinder, die sich veränderten. Oft, nachdem eine Lebensmittelunverträglichkeit festgestellt wurde. Klöckners gewinnen Hoffnung, verändern die Essgewohnheiten, aber auf Marc hat das keine Auswirkungen. Sein Autismus ist nicht heilbar.

Zum Zeitpunkt der Diagnose ist der Freundeskreis von Klöckners nicht sehr groß. Bettina lebt noch nicht lange in der Stadt, ihr Mann hat viele Freunde durch die Scheidung von seiner ersten Frau verloren. Die Bekannten aus dem Haus kennen das Verhalten von Marc und versuchen schon mal mit ihren „pädagogischen Fähigkeiten“ (so ein Lehrer im Haus) an ihn heranzukommen, scheitern aber kläglich. Alles in allem mögen sie Marc, da er meistens ein ruhiger Junge ist und bei Anfällen seine Aggression immer nur gegen sich selbst richtet.

Ein schwieriges Thema sind Ärzte. Marc ist seit seinem Klinikaufenthalt kaum noch zu Arztbesuchen zu überreden.

Jeder weiße Kittel, den er sieht, wird ein Grund für einen Anfall. Marc hat oft Mittelohrentzündung und Angina, deshalb muss er auch Penicillin nehmen. Das geht gar nicht; er tobt. Der Arzt verschreibt Saft mit Geschmack und will ihm die erste Dosis in der Praxis geben. Meistens wird dafür das gesamte Praxispersonal inklusive der Mutter gebraucht, um Marc zu beruhigen. Dieses Mal macht Marc eine neue Erfahrung: Der Saft schmeckt. Die nächsten Medikamente nimmt er ohne großen Kraftaufwand ein. So ist es immer wieder bei Marc: Erfahrungen, seien es gute oder schlechte, prägen ihn für eine lange Zeit.

Noch schlimmer ist es beim Zahnarzt. Marc hat so lange jede Untersuchung verweigert, bis nur noch eine Vollnarkose und eine Zahn-Op helfen. Der Zahnarzt zieht ihm gleich fünf Zähne. Für die Narkose sind fünf Personen nötig, um Marc festzuhalten. Die Nachuntersuchungen sind nicht viel besser. Dem behandelnden Zahnarzt fehlt das Verständnis für das autistische Kind. Als er Marc anfährt, macht der Junge völlig zu. Klöckners verlassen die Praxis unverrichteter Dinge. Sie wechseln den Zahnarzt. Und was geschieht? Marc geht ohne zu Zögern in den Behandlungsraum und macht den Mund auf. Ab diesem Moment versteht Marcs Mutter: „Ich wusste, dass es nicht nur der Kittel war, sondern der Mensch, der in dem Kittel steckte." So ist es bis heute: Marc braucht Menschen, denen er vertrauen kann. Er spürt sehr genau, bei wem das der Fall ist und bei wem nicht.

Als wichtig und stabilisierend für Marc erweist sich ein stetiger Alltagsablauf. Eine klare Tagesstruktur, die sich regelmäßig wiederholt. Eine langfristige Planung für Arztbesuche und Ausflüge ist nötig, damit immer ausreichend Vorbereitungszeit für Marc vorhanden ist. Plötzliche, ungeplante Veränderungen und Ereignisse müssen die Eltern abfedern.

Dabei gibt es immer wieder Momente, in denen auch die Eltern nicht weiterwissen. Autisten reagieren oft sehr heftig.

Doch was wie ein Wutanfall aussieht, ist eigentlich der Ausdruck von „Ich habe da ein doofes Gefühl und kann es nicht einordnen und deswegen schreie ich, bis das Gefühl weg ist." Mit jeder Anforderung, mit jeder Änderung im Tagesablauf, mit jeder unerwarteten Störung kann es zu diesen Anfällen kommen. In der Schule, zu Hause, egal wo. Die Eltern kostet es jedes Mal viel Kraft, diesen Widerstand auszuhalten. Nicht immer reicht die Kraft. Bettina Klöckner weint oft. Meistens auf der Toilette, weil das der einzige Ort ist, an dem Marc ihr nicht hinterherkommt. Jemand sagt ihr einen Satz, um sie zu ermutigen: „Gott gibt diese besonderen Kinder an besondere Eltern." Aber so richtig trösten kann sie das nicht. Denn in diesem Sinne etwas Besonderes zu sein, hat einen hohen Preis … Marc lachen zu sehen und zu hören, gibt ihr da schon mehr zurück. „Das ist so echt", schwärmt die Mutter.

Zu den größten Herausforderungen für die Eltern gehört die Erziehung. Bettina Klöckner beschreibt ihre Erfahrungen: „Man beginnt, das Kind als ‚hilflos' einzustufen. Also tut man fast alles, auch wenn es das eine oder andere selber könnte … Die Herausforderung ist es, herauszufinden, was man dem Kind beibringen kann und muss. Und, na klar, das Kind freut sich natürlich über alles, was Mama oder Papa erledigen, aber das hilft ihm ja nicht wirklich. Dieses Verwöhnen zu erkennen und ihm gegenzusteuern, ist die schwerste Aufgabe. Bei uns kam das Aufwachen, als unsere kleine Tochter in den Kindergarten kam. Bis dahin band ich Marc die Schuhe, zog sie ihm auch an. Damals war er neun. Und Maria, der zog ich auch gleich die Schuhe an und machte sie zu. Was der Große bekommt, bekam auch sie mit ihren drei Jahren. Bis der Kindergarten sich beschwerte, dass Maria so wenig selber machen kann. Da habe ich den Zusammenhang erkannt. Also besorgte ich Schuhe mit Klettverschluss, weil Schleife binden durch die gehemmte Motorik von Marc noch nicht ging, und ließ beide Kinder ihre Schuhe selber anziehen und zumachen.

Nun dauerte mir das aber zu lange. Hier musste ich mich ändern. Ich musste das einkalkulieren und aushalten. Nun kamen die nächsten Schritte: Kinderzimmer selber aufräumen, beim Tischdecken helfen und den Müll runterschaffen. Es klappte mit einigen Anlaufschwierigkeiten, aber dann war das richtige System gefunden. Erziehung betrifft auch die Tischkultur und andere gesellschaftliche Verhaltensregeln, die man bei Autisten ‚anerziehen‘ kann – mit Geduld, weil es länger dauert, aber es geht."

Heute ist Marc 28 Jahre alt und seine Eltern erleben den Alltag recht entspannt. Seit der Pubertät haben sich viele Prozesse geordnet. Marc erfasst Abläufe über den Verstand – und nicht mehr über das Gefühl. Seine Anfälle sind seltener und viel weniger extrem geworden, auch wenn sie nicht ganz weg sind. Gefühle und Verstand stehen nicht immer im Einklang, was den Kurzschluss auslöst. Eltern und Freunde haben gelernt, bestimmte Äußerungen zu unterlassen. Zweideutigkeiten kann Marc nicht verstehen.

Ein sehr geregelter Tagesablauf hat sich ergeben. Marc lebt immer nach seinem Rhythmus. Frühstücken, Arbeiten in einer Werkstatt der Lebenshilfe, Heimkommen oder zum Sport Gehen sind feste Abläufe. Das Abendessen gibt es möglichst immer um dieselbe Zeit. Alle 14 Tage fährt er über das Wochenende zu Oma und Opa aufs Dorf, auch die Urlaube verbringt er dort. Marc reist aber auch gern und kann sich gut in anderen Kulturen bewegen. Er recherchiert vorher selbstständig die Orte und bereitet sich so vor. In Reisegruppen fällt er auf, aber nur noch sehr selten negativ. Meistens ist er der Liebling der Gruppe, auch wegen seiner Ehrlichkeit.

Auch Hobbys hat Marc entwickelt. In der Kirchgemeinde bedient er regelmäßig im Gottesdienst den Beamer mit Liedfolien. Er lernt an der Volkshochschule Russisch. Seit einigen Jahren hat er das Fotografieren und die Malerei entdeckt. Im Sommer 2015 werden seine intensiven, bunten

Bilder in der Stadtbibliothek Gera ausgestellt. Marc hat soziale Kontakte, auch eine Freundin hat er schon gehabt. Ein lebenswertes Leben.

Nachtrag: „Gottbus"

Marc ist eines von Gottes „besonderen Kindern", wie Roland Werner es einmal ausgedrückt hat. Seine Entwicklung unterscheidet sich von der seiner Altersgenossen. Marc ist etwas über zwanzig. Ein Bär von Statur, ragt er an die Zwei-Meter-Marke heran. Aber er hat ein kindliches Gemüt und lebt in seiner eigenen Welt. Marc ist Autist.

Vor ein paar Jahren kam Marc in unsere Gemeinde. Seine Mutter, die kurz vorher Christ geworden war, brachte ihn mit. Es fiel ihm nicht leicht. Marc hat Mühe, auf Menschen zuzugehen. Aber es gefiel ihm. Er kam gerne und fühlte sich in den Gottesdiensten wohl.

Nach ein paar Wochen unterhielten wir uns zum ersten Mal etwas länger. Marc erzählte mir von seinem Hobby: Er schwärmt von Bussen und Straßenbahnen und allem, was damit zu tun hat, Tickets, Fahrpläne und so weiter, er kennt jede einzelne Fahrgestellnummer der Geraer Straßenbahn. Phänomenal. Marc lud mich ein, ihn einmal zu besuchen und mir seine Sammlung anzuschauen. Gerne ging ich hin. Als ich bei ihm war, präsentierte Marc mir ein Bild. Einen Bus, den er selbst gemalt hatte. Auf dem Nummernschild stand: „Gott-Bus". Ich dachte sofort an die Stadt in Sachsen und las es halbblau als „Cottbus".

Marc korrigierte mich „Gott-Bus".

„Nein, Marc", erklärte ich ihm, „das heißt Cottbus, weißt du, die Stadt schreibt man mit ‚C' und nicht mit ‚G'."

Marcs Stimme wurde laut und etwas schrill, mit Nachdruck korrigierte er mich: „Gott-Bus. Es heißt Gott-Bus!"

Gerade wollte ich genervt abwiegeln, da begriff ich endlich, was Marc mir sagen wollte. Ach, was haben wir sogenannten „Normalen" manchmal für eine lange Leitung, weil wir meinen, wir wüssten schon alles … Natürlich: Marc hatte seinen Bus Gott gewidmet. Langsam ging mir die Dimension dieses Bildes auf: Busse sind Marcs Größtes, sein Hobby, sein Schatz. Und dieser Schatz, so sagte dieses Bild, sollte nun Gott gehören. Marc hat in seiner Sprache, mit seinen Bildern ausgedrückt, was Gott ihm bedeutet.

An Pfingsten 2006 wurde Marc getauft. Ich freue mich sehr darüber. Macht es doch so anschaulich deutlich, dass es besonders kindliche Herzen sind, in denen Gott Wohnung nimmt.

(„Gottbus" ist erschienen in Uwe Heimowskis Buch „Ich bin dafür!", Neufeld-Verlag, Schwarzenfeld, 2008)

2. TEIL
FORTGEHEN – VOM LEBEN IM STERBEN

KAPITEL 6
TIM – VOM HERZFEHLER EINGEHOLT

Am Anfang sieht das Leben von Susann und Jörg Friedl ganz normal aus. Sie wünschen sich Kinder und machen sich keine Gedanken darüber, was gesundheitlich alles passieren könnte. Warum auch? Als ihr viertes Kind, Tim, zur Welt kommt, haben sie schon einige Erfahrungen mit lebensbedrohlichen Situationen gemacht. Doch Tim stellt ihr Leben vollständig auf den Kopf. Er kommt mit einem schweren Herzfehler zur Welt, hat eigentlich keine Überlebenschance. Doch er schafft es. Jahrelang führt er mit seiner Familie ein „normales" Leben, doch dann holt ihn seine Herzerkrankung ein. Seine Mutter erzählt von ihrem bewegten Familienleben.

Wir sind als Familie immer sehr offen mit Tims Krankheit umgegangen. Wir wurden nicht ständig von Angst begleitet, aber Tim war vom Schulsport befreit, durfte nicht in einen Sportverein gehen, wie seine Geschwister, und einmal im Jahr war eine Untersuchung im Herzzentrum fällig. Gelegentlich sagte jemand im Familiengebet: „Danke, dass es Timmis Herz so gut geht.", oder: „Danke, Gott, dass du unseren Tim geheilt hast." Im Freundeskreis, in unserer Gemeinde, im Kindergarten – wir erzählten, wie sein Start ins Leben verlaufen war, was der augenblickliche Stand ist und dass wir wirklich und wahrhaftig Wunder erlebt hatten.

Als Tim 8 Jahre alt war, bekamen wir bei einer der Untersuchungen eine ziemlich schlechte Prognose. Bisher waren sie alle gut verlaufen, die Ärzte staunten mit uns, die Untersuchungsergebnisse und das Bild, das dieser quicklebendige kleine Kerl abgab, passten nie so richtig zusammen. Ich hielt die Untersuchung im Herzzentrum erst für reine Routine, doch im Gespräch wurde mir ein durchaus mögliches nahes Ende vor Augen gestellt. Durch Tims Wachstum und die Zunahme an Körpergewicht geriet sein Herz in immer größere Schwierigkeiten.

Mein Mann und ich umarmten uns, beteten und fühlten uns wieder in die schrecklich verzweifelte Zeit vor seiner Geburt zurückversetzt. Einen Tag später entschieden wir, dass Tim ein Recht darauf hätte, es zu wissen. Dass wir bedrückt waren, merkte er ohnehin. Auch seine Geschwister sollten für ihn beten können, wir wünschten uns die Unterstützung durch unsere Familie und die Gemeinde. Also sprachen wir mit Tim über das Leben, dass bei jedem Menschen mit dem Sterben endet. Über Gottes Wunsch, eine Beziehung zu uns zu haben und in der Ewigkeit mit uns zusammen zu wohnen, wusste er Bescheid. Familienandachten und gute Kinderstunden hatten ihm bereits eine Menge beigebracht. Wir erzählten ihm in vorsichtigen Worten, wie ihn das nun persönlich betraf. Er sagte kaum etwas dazu, nickte bloß und meinte so etwas wie: „Ja, das weiß ich doch." Und etwas später: „Ich hab keine Angst, ich freu mich drauf!" Ich fragte zurück: „Du findest das cool, oder?" Und er antwortete: „Nein, nicht cool. Aber schön. Den Himmel und so."

Wir waren im Zweifel, ob er wirklich verstanden hatte, um was es ging. Vielleicht war er doch noch zu klein, um sich wirklich mit dem Tod auseinanderzusetzen. Aber am nächsten Tag kam Tim von sich aus noch einmal auf das Gespräch zurück. Er sagte: „Weißt du Mama, ich hab' keine Angst vor dem Totsein, aber vor dem Sterben, weil ich nicht weiß, wie man das macht." Ich war sprachlos. Ich hatte keine Antwort für ihn. Ich wusste auch nicht, wie man das macht.

Natürlich denkt man nicht an Krankheit und Sterben, wenn man ein Kind vor sich sieht. Wie alle Eltern haben wir uns über das Wunder von gesunden Kindern gefreut – aber eigentlich auch mit nichts anderem gerechnet. Doch als Tims älterer Bruder ein Säugling war, hatte er Atemprobleme. Immer wieder hörte er spontan auf, Luft zu holen. Was folgte waren Untersuchungen, eine Atemkontrolle, unzählige Alarme und schlaflose Nächte. Im Nachhinein kam uns all dies wie eine Art Test vor, eine Vorbereitung auf das Leben in Extremsituation, Krankheit, Bedrohlichkeit und Panik. Diese Gedanken hatten wir aber erst zwei Jahre später, als Tim zur Welt kam

Die Geburt von Tim sah erst wie eine Routineangelegenheit aus. Nichts hatte auf Schwierigkeiten hingedeutet. Direkt vor der Entbindung bestand das Personal im Krankenhaus noch auf einer Ultraschalluntersuchung. Dabei stellte sich heraus, dass unser Junge schwere Fehlbildungen am Herzen hatte. Man sagte uns, die Lungen seien zu klein, das Herz viel zu groß. Ein Teil des Herzens arbeitete gar nicht, die Aortenklappe war praktisch geschlossen. Niemand wusste, wie groß der Schaden an den übrigen Organen und am Gehirn wäre. Es bestand nur eine kleine Chance, dass unser Sohn die Geburt überstehen würde, und selbst wenn, seien seine Aussichten danach gering.

Was folgte, war ein Wechselbad der Gefühle. Tim kam zur Welt, aber es war anfänglich nie klar, ob er den laufenden Tag überleben würde. Wir hatten kaum die Kraft, unsere Freunde und Bekannten zu informieren, viele wussten noch gar nichts von Tim. Sollten wir ihnen gleich eine

Todesanzeige schicken? Doch er kämpfte sich ins Leben. Wir erlebten Wunder dabei, als einzelne Missbildungen am Herzen plötzlich nicht mehr feststellbar waren. Doch die Gesamtprognose blieb schlecht. Eine Transplantation kam nicht in Frage, ja nicht einmal einzelne Operationen: Tims Überlebenschancen waren zu gering.

Wir erfuhren viel Hilfe in dieser Zeit, viele beteten für uns – und viele nervten uns mit hilflosen Beteuerungen: „Es wird schon wieder alles gut!" Es wurde nicht gut, aber Tim starb auch nicht. Weil im Krankenhaus nichts weiter mit ihm passierte, nahmen wir ihn auf eigenen Wunsch nach Hause. Man hatte uns gesagt, dass das älteste Kind mit Tims Herzfehlerkombination bisher zweieinhalb Jahre alt geworden wäre. Es war immer sehr schwach und eingeschränkt geblieben, hatte nie laufen gelernt. Und wir beteten um diese zweieinhalb Jahre. Wir beteten darum, dass Tim lange genug lebte, um zu begreifen, dass wir ihn lieben. Und dass wir ihm zeigen können, dass Gott ihn liebt. Gott hat uns reich beschenkt.

Krankheiten, Fortschritte, Operationen, Rückfälle, Tränen und Freude – all das bestimmte die nächsten Jahre. Als Tim ein halbes Jahr alt war, betrug die Pumpleistung etwa 70 Prozent eines normalen Herzens. Zum ersten Mal hatte er eine echte Überlebenschance. Er lernte sitzen, krabbeln und mit zwölf Monaten laufen. Kurz vor seinem ersten Geburtstag wurde das letzte Medikament abgesetzt. Er lebte jetzt völlig ohne medikamentöse Unterstützung. Als Tim zweieinhalb Jahre alt war – also die Altersobergrenze erreicht hatte, die man uns im Krankenhaus genannt hatte –, feierten wir ein Fest.

Nun begann eine entspannte Zeit, was Tims Herz anging. Bis auf die bald nur noch einmal jährlichen Untersuchungen im Herzzentrum und die Einschränkung, dass Tim vom Schul- und Vereinssport ausgeschlossen bleiben musste, gab es nur das Problem mit gelegentlich auftretenden Infekten. Um weitere Schäden am Herzen zu vermeiden, bekam Tim bei fiebrigen Infekten stets ein Antibiotikum. Dreizehn Jahre lang nahmen wir im Alltag kaum etwas von seiner Herzerkrankung wahr. Unser Leben war unglaublich reich und schwierig – mit vielen Begegnungen, Aufgaben und Führungen.

Als Tim vierzehn Jahre alt war, erholte er sich nach einer Infektion nicht mehr richtig. Ständig war er müde, bewegte sich nur langsam und klagte auch immer wieder über Schmerzen. Es dauerte lange, bis wir realisierten, dass seine Herzerkrankung ihn nun wieder eingeholt hatte. In der Folge musste er mehrfach an der Herzklappe operiert werden – einmal stand die Losung am OP-Tag in Hesekiel 36, 26: „Ich will euch ein neues Herz geben!" Acht Jahre lang war Tim unzählige Male im Krankenhaus. Pendelte zwischen Schmerzen und Hoffnung. Mit 18 wurde er nur noch palliativ behandelt und verließ für ein Jahr die Schule. Als es ihm wieder etwas besser ging, besuchte er wieder das Gymnasium und schaffte mit 21 sein Abitur. Nun war klar, dass er nicht mehr sehr lange leben würde – doch war es das nicht scheinbar schon immer gewesen? Er zog nach Berlin, wohnte dort zunächst bei seiner Schwester und dann noch neun Monate in einer eigenen Wohnung. Er lebte zwanzig Jahre länger, als die Ärzte damals prognostiziert hatten. Tim starb mit 22 Jahren.

KAPITEL 7
MARIE – EIN LEBENSWERTES LEBEN IM WACHKOMA

Das „Leben im permanenten Ausnahmezustand" dauerte für Sabine und Klaus Rösler aus Aßlar bei Wetzlar 15 Jahre. So lange haben sich die beiden um ihre schwer behinderte Tochter Marie gekümmert: Im Alter von fünf Jahren erlitt sie eine Hirnblutung und fiel ins Wachkoma. Mit 20 starb sie an Heiligabend 2013. Es war eine schwere Zeit mit Kämpfen auf vielen Ebenen – aber es gab auch schöne Erlebnisse mitten im Leid, berichten die Eltern.

Ein Rückblick ihres Vaters. Der Journalist hat nicht nur die Gefühle der Familie eingefangen, sondern auch den Kampf um die Finanzierung ausführlich dokumentiert.

Wenn ich mich an Marie erinnere, dann fallen mir natürlich die ersten fünf Jahre ihres Lebens ein – die guten Jahre. Die Zeit, in der sie zu einer kleinen Persönlichkeit heranreifte. Ein hübsches blondes Mädchen, das sich darauf freute, die Welt zu entdecken. In den späteren Jahren schimmerte ab und zu ihre Persönlichkeit noch durch – aber dazu musste man sie gut kennen. Marie war stolz darauf, dass sie in manuellen Dingen ihrer drei Jahre älteren Schwester Lara beinahe ebenbürtig war. Seilchenspringen und Schuhe binden, das konnte sie schon sehr früh. Irgendwann überraschte sie uns aus heiterem Himmel mit der Aussage: „Drei mal sechs sind 18." Wir waren begeistert. Marie konnte rechnen!? Nein. Irgendwo hatte sie das aufgeschnappt. Denn mit ihren drei Jahren war sie natürlich noch nicht in die Kunst des Multiplizierens eingedrungen. Und später fragte sie dann auch: „Wie hieß die Rechenaufgabe, die ich konnte?" Immerhin: Ihren Namen konnte sie schreiben. Von ihrer Mutter ließ sie sich ein Schild malen: „Verboten" stand darauf zu lesen. Und mit krakeliger Schrift hatte sie ihren Namen daruntergeschrieben. Das Schild hängte sie an ihrer Zimmertür auf. Denn es war für ihre Schwester Lara zur Selbstverständlichkeit geworden, dass sie mit ihren Freunden immer wieder in Maries Zimmer auswich, wenn es in ihrem Zimmer vor lauter Chaos kein Durchkommen mehr gab. Marie konnte nichts aus der Fassung bringen. Eines Tages wollte sie eine Milchschnitte haben. Sie bekam sie, ging zu ihrer Freundin Denise in der Nachbarschaft, zwei Minuten später war sie da. Sie wollte noch eine. Sie ging wieder, um nach wenigen Augenblicken erneut diese Süßigkeit zu verlangen. „Jetzt hattest du aber genug", schimpfte Sabine. Marie widersprach. Sie habe noch gar keine gehabt. Denn in Denises Familie gab es einen großen Hund: Benny. Der hatte ihr beide Milchschnitten einfach aus der Hand gerissen und aufgefressen. Ich war manchmal schon genervt, wenn Lara und Marie hinten im Auto saßen und kräftig den damaligen Hit der „Ärzte" mit anstimmten: „Männer sind Schweine." Sie hatten keine Ahnung, worum es in dem Lied ging, wussten aber, dass sie ihren Papa damit provozieren konnten. Das taten beide aus Leibeskräften und hatten einen Riesenspaß dabei.

Der 19. September 1998 hat unser Leben verändert. An diesem Samstag fiel Marie ins Wachkoma. Was wir damals nicht wussten: Sie hatte eine Gefäßmissbildung im Kopf, ein Aneurysma. An dem Morgen klagte sie plötzlich über starke Kopfschmerzen. Und wenige Minuten später war sie bewusstlos und atmete nicht mehr. Erst später erfuhren wir den Grund: Eine Ader war geplatzt. Ein halber Liter Blut hatte sich in ihren Kopf ergossen und dort das Stammhirn geschädigt. Meine Frau tat instinktiv das Richtige. Sie beatmete Marie bis zum Eintreffen des Rettungswagens, den Nachbarn benachrichtigt hatten. Eine siebenstündige Notoperation in der Universitätsklinik Gießen rettete ihr Leben. Die Ärzte sagten gleich, dass es bei dem Eingriff auf Leben und Tod gehen würde. Aber Marie überlebte den Eingriff. Ich erlebte das Drama nicht mit. Ich hatte dienstlich in Berlin zu tun.

Die ersten Tage und Wochen waren für uns geprägt von Hoffen, Bangen und Gebeten. Wir wohnen 20 Kilometer von der Uniklinik entfernt in Aßlar bei Wetzlar und fuhren deshalb immer wieder nach Hause, um abzuschalten, so gut es ging. Zweimal wurden wir in den ersten Tagen telefonisch dringend in die Klinik bestellt, um uns von unserer Tochter zu verabschieden. Es bestand Lebensgefahr. Maries Hirndruck war plötzlich dramatisch angestiegen, sodass sie erneut operiert werden musste. Man hatte Zweifel, ob Marie den Eingriff überleben würde. Beim ersten Mal wurde ein Teil des Schädelknochens am Hinterkopf zur Seite geschoben, damit sich die Hirnflüssigkeit ausdehnen konnte. Beim nächsten Eingriff bekam sie einen Shunt gelegt; das ist ein Ventil, durch das Gehirnwasser bei zu starkem Druck direkt in den Bauch abgeleitet wird.

In diesen Tagen mussten wir uns als Eltern mit der Frage auseinandersetzen, ob wir nicht die Organe von Marie spenden sollten, wenn sie sterben würde. Denn in der Universitätsklinik lernten wir andere Eltern kennen, die dringend für ihr Kind vor allem auf ein Spenderherz oder eine Niere warteten. Auch die Ärzte fragten uns, ob eine Organspende infrage käme. Es waren bange Stunden, als Maries Gehirn untersucht wurde. Und dann die erlösende Nachricht: Das Großhirn arbeitet zwar für ein Kind ihres Alters zu langsam, aber ansonsten weithin normal. Marie war nicht hirntot. Sie hatte noch eine Zukunft, so unsere Hoffnung. Im Blick auf eine Organspende brauchten wir uns nicht zu entscheiden.

Doch was war das für ein Leben für Marie? Sie musste beatmet werden, konnte nicht sprechen, nicht schlucken, also auch nichts essen und trinken, wurde künstlich über eine Magensonde ernährt, schlug sich ständig mit Lungenentzündungen, Harnwegs- und Blaseninfekten und anderen Krankheiten herum, die man sich einfängt, wenn man lange im Krankenhaus liegt und nur selten aus dem Bett herauskommt. Ihr Rückgrat ähnelte stark einem in sich gedrehten Fragezeichen, wie man im Röntgenbild sah. Sie konnte sich nicht bewegen. In ihre Augen schaute man besser nicht. Weil sie keinen Lidschlag mehr hatte, wurden sie mit vier Stichen zugenäht, um sie vor dem Austrocknen zu schützen. Und weil man nicht wusste, ob sie nicht doch gucken konnte, wurden sie anschließend wieder halb geöffnet. Trotzdem waren sie oft entzündet. Später legte sich ein Film über ihr linkes Auge. Dort konnte sie mit Sicherheit nichts mehr erkennen.

Das Wachkoma unterscheidet sich vom Koma durch deutliche Schlaf- und Wachzeiten. Wenn Marie „wach" war, reagierte sie auf ihre Umgebung – wenn auch verzögert und sehr eingeschränkt. Unsere Hoffnung war, dass sie dennoch irgendwann einmal richtig aufwachen würde, doch Marie wurde nicht wach. Ihr Leben hing ab von einer Beatmungsmaschine. Als man nach zwei Monaten auf der Intensivstation der Kinderklinik in Gießen nichts mehr für sie tun konnte, wurde sie in die Kinderklinik Park Schönfeld in Kassel verlegt. Kassel liegt zwar wie unser Wohnort in Hessen, ist von uns aber rund 160 Kilometer entfernt. Doch welche Alternativen gab es? Keine.

In der Kasseler Kinderklinik wurde zu dem Zeitpunkt gerade eine Früh-Reha-Station aufgebaut. Dennoch lag Marie über ein Jahr auf der Intensivstation, bevor die neue Station P3 ihren Betrieb aufnehmen konnte. Doch schon auf der Intensivstation konnte so etwas wie „Normalität" einkehren. Die Länge der Besuche bei unserer Tochter wurden nicht mehr vom Pflegepersonal bestimmt, das uns wie in Gießen als Eltern immer aus dem Zimmer schickte, wenn Untersuchungen und Eingriffe bei anderen Kindern anstanden. Bewusst entschieden wir uns auch in Kassel dagegen, mehrere Tage bei unserer Tochter zu bleiben, obwohl es im Schwesternwohnheim auf dem Gelände auch Elternzimmer gab. Priorität hatte die „Restfamilie". Wir hatten noch eine andere Tochter: Lara sollte ein weithin „normales" Leben haben.

Zwischen dem Personal in Kassel und uns baute sich im Laufe der Jahre ein Vertrauensverhältnis auf. Wir wussten Marie dort gut aufgehoben. Das Personal hatte einen unheimlichen Elan. Die Pflegerinnen, Therapeuten und Ärzte wollten dazu beitragen, dass Kinder im Koma wieder aufwachen. Dreimal in der Woche besuchten wir Marie dort. Durch die Therapien und die Pflege verbesserte sich ihr Gesundheitszustand deutlich, aber dennoch sehr langsam. Das spornte das Team an und weckte in uns als Eltern die Hoffnung auf eine weitere Verbesserung ihres Gesundheitszustandes, vielleicht sogar auf eine völlige Genesung.

Als Marie nach Kassel verlegt wurde, waren bei ihr keinerlei Reaktionen feststellbar. Das änderte sich. Sie reagierte auf Ansprachen und Berührungen. Vor dem „Ereignis" – der Hirnblutung – hatte sie sich immer gerne zwischen den Schulterblättern auf dem Rücken kraulen lassen. Das machten wir weiter. Und sie reagierte durch Veränderung ihrer Atmung darauf. Sie konnte ihre rechten Gliedmaßen bewegen und auch auf der linken Seite waren immer häufiger Reaktionen feststellbar. Im ersten Jahr, als sie noch im Vorschulalter war, bekam sie „Augenunterricht". Die Mitarbeiterinnen der Kasseler Sehschule waren davon überzeugt, dass Marie „gucken" konnte. Andere Untersuchungen ergaben zweifelsfrei, dass sie auf dem rechten Ohr auch hören konnte. Deshalb sprachen wir mit ihr, sangen und lasen ihr vor.

Fast einen Quantensprung machte sie, als sie im Frühjahr 2000, gut eineinhalb Jahre nach ihrer Erkrankung, anfing, selbstständig zu atmen. Wenige Tage zuvor hatten uns die Ärzte noch gesagt, dass sie nicht wüssten, ob Marie jemals wieder aufwachen würde. Mit Sicherheit wüssten sie aber, dass sie dann nicht von alleine würde atmen können. Marie sah das offenbar anders. Sie fing einfach an zu atmen. Die Intervalle, in denen sie ohne Maschinenunterstützung atmete, wurden immer länger. Wenn sie keine Infekte hatte, atmete sie tagsüber komplett alleine und kam nachts zur eigenen Entlastung wieder an die Beatmungsmaschine. Ihr gesamter Zustand wurde stabiler. So waren wir in Kassel richtig mobil. Wir gingen in den benachbarten Park Schönfeld, in ein nahes Einkaufzentrum oder machten sogar Ausflüge mit der Straßenbahn. Sie saß dabei im Rolli. Die Beatmungsmaschine hatten wir zur Sicherheit dabei, aber sie war nicht angeschlossen. Wir brauchten sie nie.

Interessant waren die Reaktionen der Passanten bei den Ausflügen. Nur Kinder hatten scheinbar keine Berührungsängste. Sie fragten oft, was das Kind habe. Und ich habe es ihnen dann erklärt. Doch vielen Eltern war das peinlich. Sie zogen ihre Kinder weg. Im Alltag mit schweren Behinderungen konfrontiert zu werden, ist immer noch keine Selbstverständlichkeit. Ich wollte das mit Marie ändern. Anfangs jedenfalls. Deshalb gingen wir sogar Eisessen. In der Eisdiele. „Eine Kugel Vanille bitte!" Vanille war Maries Lieblingseis. Das Eis habe ich Marie auf die Zunge gelegt, gewartet bis es geschmolzen war und dann die übrig gebliebene Matsche mit der Absaugpumpe, die wir immer dabei hatten, abgesaugt. Ich habe ihr oft versprochen: Wenn du wieder wach wirst, darfst du so viel essen, wie du kannst. Wir haben das Eisessen aufgegeben, als die Ärzte meinten, dass es nicht ganz ungefährlich wäre. Wenn Marie Speiseeis in die Lunge bekäme, wäre eine Lungenentzündung die Folge. Und sie hatte sowieso oft Lungenentzündungen.

Uns war von Anfang an klar, dass Marie nicht dauernd in Kassel würde bleiben können. Schließlich war die P3 eine Früh-Reha-Station. Natürlich hofften wir, dass wir Marie gesund oder mindestens weithin wiederhergestellt nach Hause würden nehmen können. Doch das trat nie ein. Allerdings fiel es uns angesichts der Fortschritte, die sie in Kassel machte, zunehmend schwerer, einer Verlegung in ein Pflegeheim einzuwilligen – wobei als besondere Erschwernis für Marie und uns als Familie hinzukam, dass es damals in Hessen überhaupt keine Pflegeheime für beatmungspflichtige Koma-Kinder gab. Wir schauten uns Heime in Franken, bei Hannover und in Ostfriesland an. Dort gab es Einrichtungen, die ein Kind wie Marie betreuen könnten. Doch allein aufgrund der großen Entfernung zum Wohnort hatten wir kein Ja zu einer Verlegung. Wir würden Marie in keinem der Heime oft besuchen können. Und eine Verlegung in ein normales Altenheim, was uns als Alternative genannt wurde, kam nicht infrage. Marie sollte ihre kindgerechten Therapien auf jeden Fall weiter erhalten. Unser Wunsch war: Marie sollte in Kassel bleiben. Heute hat sich die Lage deutlich verbessert. Auch in Hessen gibt es einige Heime, in denen Marie wohl auch gut aufgehoben sein würde. Damals herrschte eine Pflegewüste.

Ich hatte eine Teilzeit-Arbeitsstelle in Kassel. Und so war ich jeden Dienstag und Donnerstag vor und nach der Arbeit bei ihr. Zwei bis drei Stunden insgesamt. Am Sonntag fuhren wir als Ehepaar immer nach dem Gottesdienst zu ihr. Abends gegen 20 Uhr waren wir zurück.

Die Lage in Kassel drohte zu eskalieren, als sich die Krankenkasse aus der Finanzierung der Behandlung zurückzog. Mitte August 2000 teilte sie uns überraschend mit, dass sie ab September – binnen einer Woche – nicht mehr für die Behandlungskosten von Marie aufkommen würde. Wir sollten einen Antrag beim Landeswohlfahrtsverband Hessen auf Kostenübernahme stellen, was wir auch taten.

Doch dort erfuhren wir, dass man erstens nicht gewillt sei, grundsätzlich die Betreuungskosten in einer Klinik zu übernehmen, und zweitens von uns als Eltern erwarte, dass wir zunächst unsere gesamten Ersparnisse für die Behandlung aufzehrten und darüber hinaus auch eine monatliche Zuzahlung aufbrächten. Das sähe die „Hilfe zur Pflege" so vor. Die Kosten waren wirklich immens hoch. Etwa 20.000 Euro pro Monat waren nötig, um Marie versorgen zu können. Die Folge: Wir wären Sozialwaisen geworden. Dann es wäre uns nicht mehr zum Leben geblieben als der Sozialhilfesatz. Das lehnten wir als unzumutbar ab. Wir verklagten sowohl die Krankenkasse als auch den Landeswohlfahrtsverband. Dabei war es gar nicht leicht, einen passenden Anwalt zu finden. Die führende Anwältin in Deutschland auf dem Gebiet hielt unsere Forderungen für absolut unrealistisch und legte ihr Mandat nieder. In Stuttgart fanden wir dann eine Kanzlei, die uns vertrat. Zusätzlich suchte ich die Hilfe der Politik.

Als der hessische Ministerpräsident Roland Koch die Früh-Reha-Station besuchte, um sich einen Eindruck von diesem Modellprojekt zu verschaffen und sich dabei natürlich von der Presse fotografieren zu lassen, sprach ich ihn an. Ich hatte den Eindruck, dass ihm die unmittelbare Konfrontation mit dem Leid und dem Ärger um Marie nicht recht war. Dennoch sagte er vor Zeugen, dass sich schon eine Lösung unseres Problems finden lassen werde. Doch es hat insgesamt fast ein Jahr nervenaufreibender Kämpfe gedauert, bis tatsächlich eine Lösung gefunden wurde.

Da in Hessen wenig später Kommunalwahlkampf war, besuchten auch Bundespolitiker unsere Region. So nutzte ich die Gelegenheit, am Rande einer Wahlkampfveranstaltung mit dem persönlichen Referenten des damaligen Bundessozialministers Walter Riester zu sprechen. Stellvertretend für Riester nahm er sich unseres Anliegens an. Riester war offenbar wirklich betroffen und setzte sich für uns ein. Bei der ohnehin von ihm beabsichtigten Revision des neunten Sozialgesetzbuches sah er eine einjährige Rückwirkung der Zahlungen vor. Wir wären aus dem Schneider gewesen, hätte man uns in Hessen unser Recht zugestanden. Doch zunächst verweigerte man uns das. Obwohl es nach Auffassung des Bundessozialministeriums durchaus schon nach der damals gültigen Gesetzeslage einen Ermessensspielraum gegeben hätte, mauerten die Behörden in Wiesbaden und Kassel. Von Seiten des hessischen Sozialministeriums und des Landeswohlfahrtsverbandes wurde uns mitgeteilt, dass nach ihrer Einschätzung Marie überhaupt nicht zur Zielgruppe jener Menschen gehöre, für die das Gesetz gedacht sei. Letztlich ging es um die Frage, ob wir einen Anspruch auf „Eingliederungshilfe" haben oder uns mit „Hilfe zur Pflege" begnügen müssten. Für die Bürokraten in Hessen stand zweifelsfrei fest, dass für Koma-Kinder nur „Hilfe zur Pflege" vorgesehen sei. Die ist deutlich preisgünstiger.

Die Lokalpresse berichtete genauso über unseren Fall wie der Regionalrundfunk, doch die Verantwortlichen ließen sich dadurch nicht beeindrucken und hielten an ihrer Entscheidung fest. Ich ließ nicht locker und schrieb immer wieder Briefe an die Entscheider. Ich entwickelte mich zur Nervensäge, weil ich nicht klein beigeben wollte. Schließlich machte das hessische Sozialministerium den Vorschlag, ein Gutachten zu erstellen. Gutachter sollte der damalige Landesbehindertenarzt Prof. Klaus-Dieter Thomann sein. Wir willigten in die Erstellung des Gutachtens ein, stellten aber eine Bedingung: Es dürfe nicht allein nach Aktenlage entschieden werden. Für notwendig hielten wir einen Besuch bei Marie in der Klinik sowie Gespräche mit uns als Eltern, mit den Ärzten und dem Pflegepersonal. Staatssekretär Winfried Seif machte allerdings keinen Hehl aus seiner Überzeugung, dass das Gutachten voraussichtlich die Position des Landes Hessen stützen würde – jedenfalls äußerte er sich entsprechend in einem Schreiben an das Bundessozialministerium. Doch er sollte sich täuschen.

Der Landesbehindertenarzt gab uns in allen Punkten recht. Er sprach sich sogar für die Fortsetzung der Betreuung in der Kasseler Klinik aus, solange es keine besser geeigneten Einrichtungen in unserer Nähe gebe. Marie habe auch einen Anspruch auf heilpädagogische Betreuung, stellte er fest. Das hieß auch: Uns wurde Eingliederungshilfe gewährt. Wir brauchten also nur einen monatlichen Beitrag für die Betreuung von Marie in der Kinderklinik dazuzuzahlen, der etwa in Höhe der Ersparnisse lag, die uns dadurch entstanden, dass Marie nicht mehr bei uns lebte – rund 180 Euro im Monat. Dass uns diese Regelung gelang, war für uns eine echte Gebetserhörung.

Auch nachdem das Gutachten für uns so gut ausgefallen war, dauerte es noch einige Wochen, bis die Vorschläge vom Landeswohlfahrtsverband umgesetzt wurden. Letztlich beschleunigte vermutlich ein Brief des hessischen Ministerpräsidenten Roland Koch die Entscheidungsfindung. Ich machte Koch darauf aufmerksam, dass der Hessische Rundfunk einen halbstündigen Film über Marie drehte. Wenn ich im Fernsehen sagen sollte, dass er sein mir gegenüber gegebenes Versprechen eingelöst habe, solle er bitte dafür sorgen, dass uns unser Recht gewährt würde. Tatsächlich erhielten wir am Abend vor Beginn der Dreharbeiten einen entsprechenden Anruf seines persönlichen Referenten. Wir waren erleichtert. Und dennoch war es irgendwie entwürdigend, dass es beim Kampf um die Finanzierung der Betreuung von Marie mehr um uns selbst als um unsere Tochter ging.

Später gab es andere Probleme: Da musste die P3 um ihr Überleben kämpfen. Die Nachfrage nach einem Reha-Bett war doch nicht so groß wie kalkuliert. Und auch das Pflegepersonal musste einsehen, dass trotz großen Engagements die Wunder ausblieben: Niemand wachte aus dem Koma wieder auf. Die Klinik bekam einen neuen Träger. Das alles schlug sich natürlich auf die Motivation des Personals nieder. Viele gingen. Die Arbeitsbelastung stieg, weil auch „normale" pädiatrische Kinder auf P3 versorgt wurden. Die Zeit für eine intensive Zuwendung wurde knapp. Einige Krankenschwestern kamen noch in ihrer Freizeit vorbei, um mit den Koma-Kindern zu spielen oder spazieren zu gehen. Doch Marie ging leer aus, denn sie war inzwischen zu groß geworden. Es war schlicht zu anstrengend geworden, sie aus dem Bett zu heben. Denn trotz des Wachkomas war ihre körperliche Entwicklung nicht eingeschränkt.

Die Hoffnung auf Genesung von Marie gaben wir nicht auf. Obwohl die Statistik eine ganz andere Sicht vermittelte. Untersuchungen hatten gezeigt: Wer länger als ein Jahr im Koma liegt, wacht nicht wieder auf. Doch wir hofften, dass Marie der Statistik ein Schnippchen schlagen würde. Denn nach medizinischem Ermessen hätte Marie durchaus aufwachen können. Wir stimulierten sie immer wieder. Wir redeten, sangen und beteten mit ihr, lasen ihr vor, kuschelten mit ihr, badeten im Sommer mit ihr im Planschbecken auf dem Balkon, versuchten etwas Abwechslung in ihren Alltag zu bringen. Sie sollte fühlen, dass sie nicht vergessen war. Einmal bin ich mit ihr in Kassel zum Weihnachtsmarkt in die Innenstadt gefahren. Als alle Kinder nach vorne auf die

Bühne kommen sollten, um ein kleines Lebkuchenherz zu erhalten, schoben auch wir uns durch die Menschenmassen bis zum Bühnenrand. Sie bekam ihr Lebkuchenherz, auch wenn sie es nicht essen konnte. Mir trieb das die Tränen in die Augen. Von Gewöhnung keine Spur. Vor allem wenn mir plötzlich der Gedanke kam, dass sie doch alles mitbekam, was mit ihr geschah, dass sie sich womöglich daran erinnerte, wie sie einmal ein fröhliches freches Mädchen war und was nun aus ihr geworden war. Niemand konnte mir sagen, dass dies nicht der Fall war. Es gab immer wieder Anzeichen dafür, dass sie ganz dicht vor dem Aufwachen war. Wenn ich sie etwa fragte, ob sie eine Idee hatte, was wir ihrer Mutter zum Geburtstag schenken könnte. Dann merkte ich, dass die Frage ankam, denn dann schlug sie wild um sich, bäumte sich auf, trat mit ihren krummen Beinen. Oder wenn ich ihr spannende Geschichten vorlas und sie mit etwas Verzögerung an den spannenden Stellen anfing, ganz schnell und laut zu atmen.

Nicht alle Vorhaben konnten wir umsetzen. Die Versuche, Marie in einer Kasseler Schule für Schwerstbehinderte beschulen zu lassen, damit sie möglichst täglich in eine andere Umgebung gekommen wäre, scheiterten. Die Klinik hatte kein Personal, um Marie in der Zeit ihrer Abwesenheit zu betreuen, das Staatliche Schulamt sah nicht die Notwendigkeit einer Beschulung ein, die Übernahme der Transportkosten konnte nicht geklärt werden. Dabei gab es ein Gutachten, in dem es hieß, dass Marie auf Beschulung positiv reagiert. Eine Sonderpädagogin hatte sich mehrere Tage mit ihr beschäftigt. Laut dem Gutachten hätte Marie Anspruch auf regelmäßige basale Stimulationen. Doch nichts passierte. Wir hätten uns dahinterklemmen müssen. Aber wir konnten nicht mehr. Die Kraft war aufgebraucht. Manchmal waren es einfach nur Kleinigkeiten, die frustrierten: Da wurde ich sauer, dass in der Klinik mit den anderen Kindern Laternen gebastelt wurden, aber Marie nicht dabei war, weil sie nicht in der Lage dazu war, auch nur eine Schere zu halten. Und niemand sich um sie kümmerte.

Am Ende der Zeit in Kassel war die Motivation der Mitarbeiter deutlich gesunken. Ein älterer Herr aus einer Baptistengemeinde, der Marie regelmäßig besuchte, meinte dann auch, ich sollte mich schleunigst dahinterklemmen, eine andere Einrichtung für Marie zu finden. Marie würde auf P3 nur noch aufbewahrt. Zudem waren auch die Erfahrungen mit der Verwaltung der Kinderklinik nicht die besten. Als die Finanzierung des Klinikaufenthaltes nicht geklärt war, nahm der Verwaltungsleiter der Klinik nicht etwa den Druck von uns, sondern erhöhte ihn. Mindestens einmal in der Woche rief er bei uns an, um uns mitzuteilen, dass er Marie auf dem Flur unversorgt stehenlassen würde, wenn wir uns nicht um eine alternative Unterbringung bemühen würden. Das war natürlich hohles Geschwafel. Aber es zeigte, dass Marie nicht wohlgelitten war. Und auch die für uns zuständige Sozialarbeiterin tat unsere Wünsche als irreale Hirngespinste ab.

Schließlich eröffnete sich doch eine Alternative. Denn im Sommer 2005 wurde in Siegen die Kinderinsel eröffnet – ein Wohnheim für beatmungspflichtige Kinder auf dem Gelände der DRK-Kinderklinik. Den Bau dieser Einrichtung hatten wir seit der Planungsphase verfolgt. Als wir in der Presse lasen, dass dort ein Pflegeheim errichtet wurde, setzten wir uns sofort mit den Verantwortlichen in Verbindung. Allerdings gab es immer neue Bauauflagen, die zu Verzögerungen führten. Doch war es ermutigend mitzuerleben, dass Klinikleute sich auch auf Seiten der Eltern schlagen konnten. Die Siegener Verwaltungschefin sagte uns sogar zu, uns beim Aufbau einer häuslichen Pflege zu helfen, sollten wir in Kassel wirklich vor die Tür gesetzt werden. Das nahm etwas Druck von uns.

Einfach war die Verlegung nicht. Denn erst einmal gab es erneut Ärger. Die Kostenträger mauerten – vor allem die Krankenkasse, die vom Landeswohlfahrtsverband doch wieder mit an Bord geholt worden war. Sie wollte den Aufenthalt für Marie in Siegen nicht bezahlen, weil die Betreuung dort noch etwas teurer war als in Kassel. Ich hatte inzwischen verstanden: Es bringt nichts, sich mit Sachbearbeitern herumzuschlagen. Die tun nur ihren Job und sind an Vorschriften gebunden. Wir sind für sie Fälle, keine Menschen. Ich schrieb deshalb gleich an den Vorstandsvorsitzenden. Er las meinen Brief und war wohl betroffen. Denn er rief mich an – und ein monatelanger Hickhack wurde unbürokratisch beigelegt. Allerdings reagierte der Sachbearbeiter in Gießen ziemlich pampig, aber mir war das egal. Er sei doch dabei gewesen, eine Lösung für uns zu finden. Das Positive an dem Vorgang: Auch alle anderen Verordnungen, die Marie in Siegen später verschrieben bekam, wurden umgehend bewilligt. Wir haben nie wieder einen Widerspruch einlegen müssen. Es hatte sich vielleicht herumgesprochen, dass es besser wäre, sich nicht mit uns anzulegen.

In Siegen – die Stadt liegt nur gut 60 Kilometer von unserem Wohnort entfernt – blühte Marie noch einmal richtig auf und wir auch. Statt eineinhalb Stunden pro Weg schafften wir es nach Siegen in weniger als der Hälfte der Zeit. Wir bekamen neue Kraft, um uns einzumischen. Ein Beispiel: Als uns bei einem Ausflug ins Stadtzentrum der Stadtbus einfach stehen ließ, weil man mit einem Rollstuhl nicht einsteigen konnte, beschwerte ich mich bei der Busgesellschaft – und schrieb gleich einen Zeitungsartikel. Seitdem bedienen nur noch rollstuhlgeeignete Niederflurbusse die Linie zur Kinderinsel. Ich ahnte damals, dass ich im „Kämpfermodus" für manche Mitmenschen unerträglich bin. Zum Verständnis ist wichtig zu wissen, dass die Kinderinsel in Siegen oben auf dem Wellerberg liegt. Runter in die Stadt zu gehen, ist mit dem Rollstuhl kein Problem. Doch den Rollstuhl die vielleicht eineinhalb Kilometer bergauf zu schieben, ist ein echter Kraftakt. Zweimal habe ich das getan. Dann fuhren wir nur noch mit dem Bus wieder hoch.

In Siegen hatte Marie ihr eigenes Zimmer. Es ähnelte mehr einem Jugendzimmer als einer Intensivstation, obwohl natürlich alle medizinischen Voraussetzungen gegeben waren. Neben den Einbaumöbeln der Station gab es auch einige, die wir bei Ikea besorgt hatten. Wir konnten es uns auf einem Sofa bequem machen. Marie hatte viele CDs mit Musik, die junge Leute in ihrem Alter so anhörten. Sie wurde in ihrem Zimmer an einem Monitor überwacht. Ihre Beatmungsmaschine gab sofort Laut, wenn irgendetwas nicht stimmte. Wenn ihre Sättigungswerte im Blut zu niedrig waren, konnte man Sauerstoff zugeben. Die Beatmungsmaschine brauchte sie dann doch wieder. Einige Monate nach der Verlegung nach Siegen hatte sie aufgehört, selbstständig zu atmen. Selbst gutes Zureden oder Drohungen halfen nicht. Marie wollte nicht mehr atmen. Beatmet zu werden war wohl auch weniger anstrengend, als selbst zu atmen.

Ich saß gerne bei ihr am Bett oder kuschelte mir ihr. Da schien die Zeit stehenzubleiben. Die seelische Belastung war wie weggenommen. Oft schlief ich dabei ein. Denn dort war ich an dem Platz, wo ich hingehörte – sagte mir mein Gefühl. Ich gab ihr meine Liebe. Ich las ihr viel vor. Alles, was Kinder in ihrem Alter so lesen würden: Harry Potter, Charlie Bone, Tintenherz und Tintenwelt, Die Kinder von Bullerbü. Und ich erzählte ihr viel – von der Arbeit, aus der Gemeinde, von den Nachbarn, von Daheim und ihren früheren Freunden. Ich hatte das Gefühl, dass das ankam und ihr gefiel.

Marie war das zweite Kind überhaupt auf der „Kinderinsel". Wir Eltern gehörten beinahe zum Inventar. Wir kannten alle anderen Kinder, alle Spielzeuge, alle Mitarbeiter. Ich habe mit meiner etwas burschikosen Art dafür gesorgt, dass die Stimmung auf der „Insel" trotz der überall greifbaren Krankheit nicht zu bedrückend wurde. Wir machten aus unserem Privatleben kein Geheimnis. Und wir hörten zu, wenn es Probleme auf der „Insel" gab. Als Marie noch nicht erwachsen war, nahm ich mit ihr regelmäßig an der Abendrunde teil, wo die Kinder zum Spielen mit den Heilpädagogen zusammenkamen. „Die Reise nach Jerusalem" war unser Lieblingsspiel. Da wurden die Stühle, auf die man sich setzen muss, wenn die Musik abgeschaltet wird, durch Pappbögen auf dem Boden ersetzt. So konnten auch Rollstuhlfahrer daran teilnehmen. Marie und ich – wir waren ein gut eingespieltes Siegerteam. Wir machten einige Ausflüge in einen Vogelpark in der Nähe. Wir holten Marie zweimal zu uns nach Hause. Die Mitarbeiterinnen der „Insel" opferten dafür ihre Freizeit, um das möglich zu machen. Wenn das Wetter es zuließ, war ich mit Marie immer draußen. Natürlich auf meine eigene Verantwortung. Nicht immer waren unsere Ausflüge „politisch korrekt". Einmal hatte es vorher heftig geregnet. Der Regen hatte aufgehört und wir probierten Wege aus, die wir noch nicht gegangen und gefahren waren. Auf einem Stück, das steil bergauf ging, rutschte ich aus, der Rolli fiel nach hinten und Marie rutschte aus dem Sitz. Passanten und zwei hinzugerufene Krankenschwestern aus der „Insel" halfen uns, dass Marie im Rolli wieder festen Halt fand. Wir beide waren zwar völlig verdreckt, aber mehr war nicht geschehen. Auf anderen, ebenfalls etwas unbefestigten Wegen ist uns zweimal eines der kleinen Vorderräder des Rollstuhls abgebrochen. Das war für mich immer ein untrügliches Zeichen, dass es doch wohl besser wäre, wieder nach Hause zur Kinderinsel zurückzukehren. Im Innenhof gab es eine riesige Schaukel, in die man mit einem Rolli hineinfahren konnte. Er wurde dort befestigt und dann konnte es losgehen. Die Werte von Maries Überwachungsgerät zeigten, dass es ihr gefiel. Im Mittelpunkt der Kinderinsel gab es einen Lichthof. Dort haben wir im Sommer oft ein Planschbecken aufgebaut, warmes Wasser aus der Dusche eingefüllt und ich habe mich dann mit Marie dort hineingesetzt. Das hatte durchaus etwas von Lebensqualität, wenn die Kinderkrankenschwestern fragten, ob es uns gut ginge und was sie sonst noch für uns tun könnten, bekamen sie die Antwort: „Ich hätte gerne einen Kaffee." Den habe ich auch bekommen.

Zwischen meiner Frau und mir gab es bei Marie eine Arbeitsteilung. Ich war für den Spaß und das Freizeitprogramm zuständig, sie für die Medizin. Sabine entwickelte ungeheure Fertigkeiten und eine Nähe zu Marie, die die Ärzte ins Staunen versetzten. Lange bevor die Ärzte irgendeine Diagnose stellten, wusste Sabine immer, was Marie fehlte. Ohrenentzündung, Harnwegsinfekt, Lungenentzündung, MRSA-Keim. Es gab anfangs in Siegen Kompetenzprobleme. Die Ärzte wollten zunächst nicht einsehen, dass Sabine allein aus den Reaktionen von Marie sehen konnte, was ihr fehlte. Aber sie hatte immer recht. Das sahen schließlich auch die Ärzte ein. Und später holten sie von sich aus den Rat meiner Frau ein. Da wurde Sabine gefragt, was sie meinte, was Marie gerade zu schaffen machte. Dafür hatte Sabine bis zuletzt Angst, sich mit Marie weiter als Rufweite von der Klinik zu entfernen. Es könnte ja etwas passieren. Die weiter entfernten Ausflüge habe ich alleine mit Marie gemacht – oder wir bekamen Begleitung durch eine Kinderkrankenschwester. Dann und nur dann kam auch Sabine mit.

So wichtig mir Marie auch war, so froh war ich, wenn die Tür der Kinderinsel hinter mir ins Schloss fiel und mich das „normale" Leben wieder hatte. Doch was heißt „normales Leben" eigentlich? Immer wieder überfiel mich der Schmerz wie aus heiterem Himmel, wenn ich an Marie dachte. Bis heute ist das so – auch nach ihrem Tod. Wir hatten ein schwer behindertes Kind – aber wir haben auch ein gesundes, Lara. Ich liebte sie beide. Für Lara sollte das Leben zu Hause so normal wie möglich weitergehen. Wenn sie Marie nicht besuchen wollte, brauchte sie nicht mit. Dennoch machten wir uns natürlich etwas vor, wenn wir von „Normalität" sprachen. Es war nicht normal, dass Lara ab ihrem achten Lebensjahr kaum einen Sonntag zusammen mit ihren Eltern verbringen konnte. Denn wenn wir Marie besuchten, lud sie sich lieber bei Freunden ein. Ab und zu kam sie aber auch mit zu ihrer Schwester. Marie reagierte immer sehr stark auf Lara. Nach dem Abitur lebte sie ein Jahr als Au-Pair in Irland, dann nahm sie ein Studium in Holland auf. Ihren Bachelor machte sie in Philosophie, dann schwenkte sie auf Neurowissenschaften um. Sie verneint, dass ihre Studienwahl etwas mit ihrer Schwester zu tun hat, aber so ganz von der Hand zu weisen ist ein Zusammenhang wohl nicht. Sie will wissen, was das Menschsein ausmacht und welche Bedeutung das Gehirn dabei spielt – jener Körperteil, der bei Marie stark geschädigt war.

Zur Vorbereitung für diese Zeilen habe ich frühere Berichte gelesen, die ich vor Jahren über Marie geschrieben habe. Einiges ist mir dabei aufgefallen. In den Monaten nach Maries 18. Geburtstag wurde ich stumm. Viele Jahre lang hatte ich die Öffentlichkeit informiert. Es gab Berichte über uns in Presse, Funk und Fernsehen. Doch die letzten Anfragen vom ZDF lehnten wir ab. Meine früheren Beiträge waren in einem eher zuversichtlichen Grundton gehalten. Der ist mir im Laufe der Jahre immer mehr abhanden gekommen. Marie schwebte gerade in den letzten zwei Jahren in ständiger Lebensgefahr. Sie hatte oft Krämpfe, die immer gut ausgegangen waren. Doch jeder Anfall hätte auch ihren Tod bedeuten können. Die Anspannung war riesig, aber eine Alternative gab es nicht. Im Bekanntenkreis wurde die

Frage diskutiert, ob man ihre Geräte nicht abschalten sollte. Gerade auch zu der Zeit, als ähnliche Fälle aus den USA für Schlagzeilen sorgten, wo Eltern sich dafür ausgesprochen hatten, das Leben ihrer Tochter zu beenden. Da bekam eine junge Frau einfach keine Sondennahrung mehr und verhungerte. Ich war wütend. Das wäre in Deutschland schon aus rechtlichen Gründen nicht möglich gewesen. Aber solch eine Idee hätte ich ohnehin strikt abgelehnt. Marie lebte – anders als wir. Aber es war ein Leben. Ihr Leben. Für mich war immer klar: Ich bin lieber Vater eines schwer behinderten als eines toten Kindes.

„Wie haltet ihr das bloß aus?" Diese Frage haben wir oft gestellt bekommen. Manchmal haben wir etwas großspurig behauptet: Wir wissen uns von Gott getragen. Später kamen mir diese Worte nicht mehr so leicht über die Lippen. Wir haben es ausgehalten, weil wir es aushalten mussten – weil Marie unsere Tochter war. Der Mensch hält unheimlich viel aus, wenn es darauf ankommt. Und es war eben nicht nur eine Belastung. Ich bin immer gerne nach Siegen gefahren. Vielleicht auch deshalb, weil es dort normal war, über Marie zu reden. Im Freundeskreis und auch bei den Nachbarn, zu denen wir ein gutes Verhältnis hatten und haben, herrschte dagegen irgendwann Schweigen. Dort spielte Marie kaum noch eine Rolle. Es gab immer weniger Rückfragen und fast gar keine Besuche bei ihr. Bis auf zwei Ausnahmen: Bei den Krankennennungen in unserer Wetzlarer Baptistengemeinde war sie immer dabei, und auf meiner Arbeitsstelle beim Evangelischen Nachrichtendienst Idea wurde ebenfalls fast täglich für sie gebetet.

Wir konnten aus diesen stellvertretenden Gebeten Kraft schöpfen, wenn uns selber die Worte fehlten. Vielleicht war es auch Folge der Gebete, dass wir nicht zu starke Depressionen bekommen haben. So gelang es uns weiterzuleben. Und wo war Gott in dieser Situation? Von manchen Gottesvorstellungen mussten wir Abschied nehmen. Komm zu Gott und alles wird gut. Das ist eine Irrlehre. Wir waren bei Gott und nichts wurde gut. Vieles war schlecht und schlicht eine Zumutung. Bibelverse wie den aus dem Römerbrief (8,28) „Denen die Gott lieben, müssen alle Dinge zum Besten dienen" erlebten wir als Hohn, jedenfalls dann, wenn er uns von anderen Christen zugesagt wurde. Ein stummes Umarmen und Tränen des Mitleids waren da für mich hilfreicher und stärkender als ein Verstecken hinter Bibelversen von Menschen, die Leid wohl nur aus der Literatur kennen – nicht aber aus dem eigenen Erleben.

Es gibt keine Garantie auf ein Leben ohne Leid und Schmerzen. Irgendwann ereilt es jeden. Wir finden uns gut verstanden vom britischen christlichen Autor C. S. Lewis. Er hat erst im hohen Alter geheiratet und musste dann erleben, dass seine Frau an Krebs starb. Er schrieb: „Wenn du glücklich bist – so glücklich, dass du Gott eigentlich nicht brauchst – und lobend und preisend zu ihm kommst, empfängt er dich mit offenen Armen. Aber geh zu ihm, wenn du nicht mehr ein noch aus weißt und nirgends Hilfe findest – was passiert? Die Tür knallt vor deinem Gesicht zu. Du könntest genauso gut wieder gehen." C. S. Lewis hat es gelernt und auch wir haben es lernen müssen: Die Frage nach dem „Warum?" wird nicht beantwortet. Sie ist rückwärts gerichtet.

Ich weiß, ich bin widersprüchlich. Da ist mir in einem Moment dieser persönliche Gott als direktes Gegenüber fremd. Das Leid von Marie zog mich runter. Und dann ist er mir trotzdem wieder sehr nah. Dann habe ich erfahren, dass er mich trägt. Der Gedanke hilft, dass Gott selbst mit seinem Sohn Jesus Christus durch das Leid gegangen ist. Am Kreuz hat er gelitten. Dass seine Liebe mir und uns gilt, daran klammern wir uns fest. Und ich weiß, dass Marie in seinen Händen geborgen war – und nun bei ihm ist.

„Gott ist trotzdem da", sagte Sabine wie zum Trotz, obwohl Marie nicht gesund wurde. Aber wir haben auch viele
gute Dinge rund um die Erkrankung erlebt: Die wirtschaft-
lichen Dinge konnten alle in unserem Sinne geregelt werden; Marie hatte die bestmögliche Betreuung; trotz der Krise
hielten und halten wir als Familie zusammen. Wir haben etliche Eltern kennengelernt, deren Beziehungen gescheitert
sind. Meist waren es die Männer, die gingen.

Man kann die eigene Gottesbeziehung nicht davon ab-
hängig machen, dass es einem immer nur gut geht. Sabine
weiß, wovon sie spricht. Denn als sie ganz unten war, da
merkte sie auf einmal, dass sie „unerklärlich ermutigt" wurde. Erklärbar ist das nicht. Andererseits haben wir beide in
den vergangenen Jahren erkennen müssen, dass viele Menschen einer Mär erliegen: dass etwa die Zeit alle Wunden
heilt. Es kann Wochen oder Monate gut gehen, aber dann
kommt ein Rückschlag – mit Sicherheit.

Als glaubende Menschen haben wir aber gegenüber anderen Eltern, die mit erkrankten Kindern etwas Ähnliches erlebt haben, die aber ohne Gottesbeziehung leben, einen Vor-
teil. Unser Eindruck: Die anderen setzen sich oft einem un-
geheuren Druck aus. Sie fragen sich ständig, was sie falsch
gemacht haben. Sie klagen sich an, weil sie vielleicht nicht
aufgepasst haben, als das Kind am Pool spielte und ertrank,
sich im Hochbett strangulierte oder sie die Erlaubnis für
eine Routineoperation gaben, aus der ihr Kind dann nicht
wieder erwachte. Sie meinen, schuldig zu sein und wollen
das ausgleichen – indem sie nun ihr Leben für ihr krankes
Kind opfern. Da wird jede neue Therapie ausprobiert, in der
Hoffnung, dass es endlich zum Durchbruch kommt. Gesunde Geschwisterkinder, die Partnerschaft, der Beruf, das Leben – vieles bleibt auf der Strecke. Andere wiederum ertragen die ganze Situation nicht und lassen ihr krankes Kind
völlig allein. Wir waren besser dran: Wir konnten die

Erkrankung von Marie an Gott abgeben. Er war auch für sie zuständig. Das gab uns Kraft zum Weiterleben in diesen unterschiedlichen Lebenswelten.

Einerseits waren die Besuche bei Marie eine große Belastung – allein zeitlich gesehen. Mit Ausnahme des zweiwöchigen Jahresurlaubs, wo wir wegfuhren, hatten wir 15 Jahre lang kein komplett freies Wochenende. Andererseits haben wir erlebt: Die Kraft reicht.

Natürlich haben wir das ganze geistliche Programm mit Marie abgearbeitet, das sich biblisch begründen lässt. Wir haben am Krankenbett gebetet. Auch die Ältesten unserer Gemeinde und andere bekannte christliche Leiter in Deutschland haben vorbeigeschaut. Ihr wurden Hände aufgelegt, sie wurde mit Öl gesalbt. Ein Gemeindemitglied hatte sogar ein geistliches Bild, wonach Marie geheilt werden sollte. Ihm war deutlich geworden: 40 Mitglieder und Freunde unserer Gemeinde sollten an drei aufeinanderfolgenden Tagen für Marie zwei Stunden lang beten. Das haben wir organisiert und waren überrascht, dass sich diese 40 Leute in unserer Gemeinde haben finden lassen. Aber Marie ist nicht aufgewacht. Dafür ging es Sabine anschließend monatelang schlecht. Wir zermarterten uns nicht den Kopf, ob und warum da etwas schiefgegangen ist. Man kann Gott nicht zwingen. Doch der Mann, der dieses Bild hatte, kam damit nicht zurecht. Er suchte nach Fehlern und fand sie. Wir hätten ja nicht zwei Stunden lang gebetet, sondern ich hätte in dieser Zeit ja immer auch etwas über Marie erzählt. Seine Schlussfolgerung: Wir sollten die Gebetsaktion wiederholen. Das haben wir dann doch abgelehnt.

Von manchen Christen wurde uns vorgeschlagen, mit Marie zu christlichen Wunderheilern zu fahren, die angeblich schon bei anderen so viel Gutes bewirkt hätten. Da wurden Kopfschmerzen gelindert, Beine verlängert und Migräneanfälle beseitigt. Selbst wenn wir den beschwerlichen Transport hätten organisieren können, ich war dagegen. Am Beispiel der Heilung des Knechts eines Hauptmanns (Lukas 7, 6 ff) macht die Bibel deutlich, dass Gottes Eingreifen nicht auf räumliche Nähe beschränkt ist. Gott ist größer als die vermeintlichen Heiler. Es stieß mir bitter auf, dass manche meinten, wir hätten nicht genug Gottvertrauen oder noch schlimmer: Wir hätten offenbar eine schreckliche Schuld auf uns geladen, dass Gott uns so strafen würde. Diese Schuld müsse erst bereinigt werden, bevor Gott wirken könne. Wie klein ist nur deren Gott, dass sie genau wissen, wie Gott zu ticken hat. Andere liebe Mitchristen habe ich als echte Nervensägen erlebt. Sie haben von uns gehört oder gelesen, sich mit uns in Verbindung gesetzt, uns mitgeteilt, dass sie jetzt anfangen würden, für uns zu beten. Und eine Woche später riefen sie uns an, um sich zu erkundigen, wie Gott wohl inzwischen übernatürlich eingegriffen haben müsste. Natürlich alles zur Ehre Gottes. Es fiel mir schwer, am Telefon gegenüber diesen Mitgeschwistern nicht ausfallend zu werden. Dabei glaube ich, dass es spontane Wunderheilungen gibt. Sie sind medizinisch gut dokumentiert – doch treten sie mit und auch ohne Gebet auf. Es gibt sie in christlichen und nichtchristlichen Religionen.

Trotz vieler Gebete und vieler Hoffnungen ist Marie am Ende doch gestorben. Ihr Tod war abzusehen und kam doch zu früh, jedenfalls für mich. Heiligabend 2013 gegen 9 Uhr klingelte das Telefon. Der für Marie zuständig Chefarzt der Kinderklinik in Siegen, Rainer Blickheuser, war dran. Marie ginge es schlecht. Ob wir heute noch mal vorbeikämen, wollte er wissen. Ich sagte zu. Eine Minute später rief er erneut an. Ob wir auch am Vormittag noch kommen könnten? Mir wurde deutlich: Es eilt. Gegen halb zehn schellte das Telefon erneut: Marie sei gerade friedlich eingeschlafen. Meine Gefühle fuhren Achterbahn. Ich war sauer. Sie hätte mit dem Sterben doch noch warten können, bis wir da gewesen wären. Und warum starb sie eigentlich an Heiligabend? Für den Rest unseres Lebens ist der Tag der Geburt Jesu damit mit der Erinnerung an ihren Tod verbunden. Gleichzeitig war ich dankbar für den Tag zuvor, als wir Marie noch einmal gesehen hatten. Und für die 15 Jahre, die wir mit Marie noch hatten, nachdem sie erkrankt war.

Seit Oktober 2013 ging es Marie immer schlechter. Zweimal erklärten uns die Ärzte, dass Marie die nächsten Tage nicht überleben würde. Aber ich wollte sie nicht gehen lassen, zumal Lara damals in wichtigen Prüfungen ihres Studiums steckte. Deshalb „bestach" ich Marie. Wenn sie noch einmal zu Kräften kommen würde, dann würden wir bei „H&M" einkaufen. Das wirkte. Ob es da einen Zusammenhang gab, darf wohl mit Fug und Recht bestritten werden. Jedenfalls erholte sich Marie wieder. Und so bat ich eine jüngere Kinderkrankenschwester, mit Marie und mir „shoppen" zu gehen. Wir kauften ihr drei schicke Oberteile, einige T-Shirts, zwei Leggings und Kleinigkeiten wie Zopfbänder – und sorgten mit dem Rolli für große Betroffenheit bei den anderen Kunden. Doch das war uns egal. Mit einigen Verkäuferinnen hatten wir dabei gute Gespräche über das Leben mit Einschränkungen. Die Krankenschwester war eine von zwei Bezugsschwestern für Marie, die sich besonders intensiv um sie kümmerten. Sie wurden zu Freundinnen unserer Familie.

Die Erholung hielt nicht lange an. Mit Maries Gesundheit ging es dramatisch bergab. Ihr Körper lagerte Wasser ein, ihre Nieren funktionierten nicht, ihre Verdauung auch nicht. Als wir sie am 23. Dezember besuchten, um mit ihr eigentlich an einer Weihnachtsfeier der „Insel" teilzunehmen, waren ihre Werte sehr schlecht. Die Feier fiel für uns aus. Maries Körpertemperatur lag unter 32 Grad. Wieder sagten uns die Ärzte, dass Marie bald sterben würde. Ich hoffte dagegen weiter auf ein Wunder wie das, was wir wenige Wochen zuvor erlebt hatten. Verwandte hatten ihr als Weihnachtsgeschenk ein Päckchen geschickt – ein Halstuch. Das packten wir aus. Marie öffnete noch einmal die Augen. Wir schmusten mit ihr. Als wir uns an dem Tag von ihr verabschiedeten, ahnten wir schon, dass wir sie vielleicht doch zum letzten Mal lebend sahen. Übrigens: Die bei H&M gekauften neuen Sachen hatte sie auch im Sarg an.

Wir haben uns Heiligabend von Marie verabschiedet. Drei Stunden waren wir nach ihrem Tod noch mit ihr zusammen in ihrem Zimmer. Es war nicht viel anders als am Tag zuvor. Außer, dass es beinahe unerträglich still im Zimmer war. Denn die Hintergrundgeräusche fehlten. Die Beatmungsmaschine gab keinen Ton von sich und auch Alarme wurden nicht mehr ausgelöst. Marie brauchte keine medizinische Überwachung mehr. Sie lag friedlich in ihrem Bett.

Anschließend haben wir die Christvesper in unserer Baptistengemeinde besucht. Wir haben dabei erlebt, dass wir uns trotz aller Trauer darüber freuen können, dass Gottes Sohn Jesus Christus auf diese Welt gekommen ist. Den Heiligabend haben wir bei Freunden verbracht, wie schon viele Jahre zuvor, als Marie nicht mehr bei uns lebte.

Viele Freunde haben uns geschrieben und getröstet. In einer Mail heißt es: „In allem Abschiedsschmerz seid gewiss: Marie erlebt jetzt voller Jubel und Freude das große Aufatmen ihres Lebens. Ich möchte wetten, dass sie neben euch ist und händeringend versucht euch zu sagen: Ich warte auf euch, bis wir uns hier wiedersehen! Ich danke euch von Herzen für alle Liebe, mit der ihr mich geliebt habt! Ich liebe euch! Eure Marie."

Am 11. Januar 2014 wurde Marie bei uns in Aßlar beigesetzt. 150 Trauergäste waren dabei. Die Traueransprache hielt die evangelische Klinikseelsorgerin, die Marie oft besucht hatte. Wenn ich zufällig auch da war, haben wir dabei über Gott und die Welt diskutiert. Dass sie Lutheranerin war und ich Baptist, spielte überhaupt keine Rolle. Wenn ich nicht da war, hat sie Marie viel vorgelesen. Ihre Trauerpredigt stieß bei vielen auf Begeisterung. Denn sie schaffte es zu verdeutlichen, dass Marie – trotz allem – ein lebenswertes Leben hatte und von vielen geliebt wurde. Auch eine große Gruppe aus der „Kinderinsel" war mit dabei. Maries Tod ging ihnen sehr nach. Viele Tränen flossen. Auf der „Insel" blieb Maries Zimmer wochenlang unbelegt. Dass sie nicht mehr da war, dieser Gedanke musste erst bewältigt werden. Maries Grab ziert auch über ein Jahr nach ihrem Tod nur ein provisorisches Holzkreuz, das ich selbst gezimmert habe und das außer ihrem Namen keine weiteren Angaben enthält. Wie wir ihren Grabstein gestalten wollen, da sind wir uns noch nicht einig. Einige Ideen gibt es, aber Stress müssen wir uns jetzt nicht mehr machen.

Bei Maries Beerdigung baten wir darum, auf Blumen zu verzichten und stattdessen für die „Kinderinsel" zu spenden. 2.000 Euro kamen so zusammen. Und wir freuten uns darüber, wieder einen Grund zu haben, um nach Siegen zu fahren und das Geld offiziell zu übergeben. Gemeinsam mit der Klinikseelsorge haben wir auch für angehende Kinderkrankenschwestern ein halbes Jahr nach Maries Tod ein Seminar zum Umgang mit trauernden Eltern gegeben, wo wir auch die Klinikpfarrerin wiedergesehen haben. Und mehrmals haben wir uns seitdem auch mit den Mitarbeiterinnen aus der „Insel" getroffen. Wir haben uns gemeinsam an Marie erinnert, waren am Grab. Wir haben Marie und ein Stück „Zuhause" in Siegen verloren – aber die Freunde unter den Mitarbeitern sind geblieben. Und wenn uns eine Reise an Siegen vorbeiführt, legen wir dort oft eine kurze Pause ein. Viele Mitarbeiter empfangen uns nach wie vor mit offenen Armen. Zu Weihnachten habe ich selbst gebrannte Mandeln vorbeigebracht – wie in den Jahren zuvor auch, als es noch Maries Zuhause war. Aber es gibt inzwischen auch neue Mitarbeiterinnen, die uns nicht kennen. So ist das Leben. Aber es tut nicht mehr weh.

KAPITEL 8
IN WÜRDE STERBEN – ERFAHRUNGEN
AUS DER PFLEGE

Wenn man mit Menschen über den Tod spricht, bekommt man oft zu hören: „Ich habe keine Angst vor dem Tod. Nur vor dem Sterben." Ein langer qualvoller Abschied, eine verkümmerte, demente Existenz als Pflegefall. Das sind die Schreckensbilder, die den Menschen dabei vor Augen stehen.

Vor wenigen Jahrzehnten wurde unter Menschenwürde am Lebensende noch unbestritten der Schutz des Lebens verstanden. Das ist heute anders. Die erheblich längere Lebenserwartung und der Anstieg von Demenzerkrankungen haben zu einer Veränderung geführt. Zur Würde, so ist in den aktuellen Debatten zu hören, müsse das Recht gehören, das Leben zu beenden – und es beenden zu lassen durch den sogenannten assistierten Suizid.

Auch wenn diese Debatten viele persönliche Beispiele beinhalten, ist es doch auffällig, dass Sterben eigentlich aus der Mitte unserer Gesellschaft verbannt ist. Wir wissen wenig darüber.

Wir haben Stefan Taubmann gebeten, aus seiner Erfahrung zu berichten. Wie würdevoll erleben Menschen die letzte Wegstrecke? Welche Hilfen gibt es dabei? Was ist noch nötig?

In meiner langjährigen Berufspraxis als Altenpfleger wurde ich sowohl im stationären Bereich als auch in der Hauskrankenpflege immer wieder mit Sterben und Tod konfrontiert. Besonders die vielen Hochbetagten mit Demenz lagen zum Teil über Jahre im Bett. Niemand kann genau definieren, ab wann für sie die letzte Lebensphase beginnt. Ich habe Zeiten erlebt, in denen ich gegenüber diesem Leid abgestumpft und gleichgültig geworden war. Dadurch habe ich hingenommen, wenn alte Menschen mehr schlecht als recht gepflegt wurden – nach dem Motto „satt und sauber". Durch eine Vorgesetzte im betreuten Wohnen kam ich erstmals mit der Hospizbegleitung in Berührung. Ich nahm an einem Seminarwochenende für Hospizhelfer teil und wurde ganz neu für dieses Thema sensibilisiert. In der Folge verbesserten wir als Team unserer Einrichtung die Krankenbeobachtung. Wir achteten besser auf Schmerzen, besonders bei Bewohnern, die sich nicht mehr mitteilen konnten. Wir dachten ganzheitlicher und wogen ab, inwieweit psychiatrische Medikamente oder beispielsweise Zuwendung und eine veränderte Umgebung Unruhezustände lindern könnten. Die Begleitung von dementen Menschen führte mich zur Hospizbewegung. Dazu kamen einschneidende Erlebnisse in Notfallsituationen, wo hochbetagte Sterbende noch in die Klinik eingewiesen wurden. Immer dann, wenn ich als Pfleger unerwartet mit dem Tod konfrontiert wurde, erlebte ich eine große Ohnmacht. In der Hospizarbeit verstand ich erstmals, wie wir uns als Helfer mit Tod und Sterben auseinandersetzen können, und dass wir durch Ruhe und Aushalten mehr erreichen als durch bloßen Aktionismus.

Im Jahr 2006 absolvierte ich eine Weiterbildung zur Zusatzqualifikation „Palliative Care" für Pflegekräfte, die mich fachlich sehr weiterbrachte. Damals hoffte ich, die Einführung einer Sterbe- und Abschiedskultur in einem großen Pflegeheim mitzugestalten. Ich wurde von der Heimleitung darin gefördert. Allerdings brachten die Strukturen mit sich, dass sich im Alltag der Heimbewohner nichts veränderte. Als Praxisanleiter für Auszubildende musste ich mich der Tatsache stellen, dass ein beträchtlicher Teil der Bewohner unter starken, chronischen Schmerzen litt und nur ungenügend schmerztherapeutisch versorgt wurde. Ich fühlte mich ohnmächtig, sowohl im Blick auf die betroffenen Bewohner als auch gegenüber fragenden Schülern. Diese Frustration zeigte mir schließlich, dass ich in meiner Position keinen Spielraum hatte, um nachhaltig etwas zu verändern. Als ein langjähriger Freund und Kollege mir das Angebot machte, in den Hospizbereich umzusteigen, spürte ich, dass die Zeit für eine persönliche Veränderung gekommen war. Zunächst sammelte ich für ein halbes Jahr Erfahrungen als Pfleger im stationären Hospiz. Ich erlebte zum ersten Mal, dass die Bedürfnisse von kranken Menschen im Vordergrund standen und nicht der Pflegebedarf. Die Organisation passte sich der Tagesform ihrer Bewohner an und nicht umgekehrt. Es existierten Bedarfs- und Notfallpläne, um in Krisensituationen bedarfsgerecht und schnell agieren zu können. Und im Team bestand ein Konsens über möglichst effektive Symptomlinderung. Angehörige wurden mit einbezogen und es gab eine beeindruckende Abschiedskultur. Das Personal investierte Zeit und Anstrengung, um möglichst letzte Fragen zu klären, damit Angehörige die Chance hatten, gut begleitet in ihren Trauerprozess zu kommen. In diesen Monaten lernte ich persönlich viel und erlebte in der täglichen intensiven Begegnung mit Tod und Sterben selbst Veränderung.

Nach dieser Zeit bot unser ambulantes Team aus dem Hospiz heraus eine neue Leistung an. Für die sogenannte

„Spezialisierte Ambulante Palliativversorgung" war erst kurze Zeit zuvor der rechtliche Rahmen geschaffen worden. Unser Team gehörte im Herbst 2009 zu den ersten in Sachsen. Das Neue daran war die ärztliche und pflegerische Komplexleistung in einem Team. Wir waren vier Pflegekräfte und zwei Palliativmediziner, ergänzt von Bereitschaftsärzten, die rund um die Uhr einsatzbereit waren. Die erste Zeit war Pionierarbeit, weil wir uns das gesamte System selbst aufbauen mussten. Es gab wenig, auf das wir zurückgreifen konnten. Wir wurden von Ärzten, Kliniken, Pflegediensten und Angehörigen angefragt, wenn jemand mit einer schweren Erkrankung in seinen letzten Lebenswochen oder -monaten von Schmerzen oder anderen Symptomen geplagt war. Wir fuhren zu zweit in die Wohnung des Betroffenen, um uns ein Bild zu verschaffen und den Patienten zu versorgen, ihn und die Angehörigen zu beraten, Hilfsmittel zu organisieren und Bedarfsmedikamente bereitzustellen. Danach waren wir für den Patienten, seine Angehörigen, den Pflegedienst, Hausarzt und alle anderen Mitversorger immer erreichbar. Dadurch gelang es, dass viele Patienten ihrem Wunsch entsprechend gut versorgt in ihrem häuslichen Umfeld versterben konnten.

Menschen wollen leben

Während der Zeit meiner Hospiz- und Palliativtätigkeit verstarben tatsächlich alle Patienten. Im Hospiz waren es über hundert Bewohner, in den folgenden vier Jahren ambulanter Arbeit weit mehr als tausend Patienten. Die durchschnittliche Betreuungsdauer betrug etwa drei Wochen. Im Extremfall wurden wir erst in den letzten Lebensstunden zu einem neuen Patienten gerufen, wo bereits kein Gespräch mehr möglich war. In Ausnahmefällen begleiteten wir Patienten länger als ein Jahr. Natürlich lässt sich über solch einen längeren Betreuungszeitraum wesentlich mehr über einen Menschen und seine Haltung zum Leben erfahren. Bei vielen Patienten war ich kurz vor dem Tod, bei etlichen auch während des Versterbens anwesend.

In jedem Fall kann ich sagen, dass Menschen leben und nicht sterben wollen. Auch die letzte Lebensphase wird intensiv und von einem Teil der Patienten sogar gelassen und fröhlich mit einer besonderen „Lebenskunst" gestaltet. Ich denke an noch ausgesprochene Wünsche, wie zum Beispiel den Besuch im Zoo eines schmerzgeplagten, bettlägerigen Patienten. Durch liebevolle Begleitung wurde ihm dieser ermöglicht. Ich denke an Spaziergänge, den letzten Besuch im Heimatort, das Erwarten eines Jubiläums oder die Geburt eines Enkels. Ich habe die Besuche im Kino und in der Eisdiele einer jungen Studentin vor Augen, die sonst unaufhörlich von Erbrechen geplagt war. All dies unterstreicht, wie ausgeprägt der Lebenswille ist, unabhängig vom Alter der Menschen und der Schwere ihrer Erkrankung.

Ausgesprochene Bitten um aktive Sterbehilfe oder Sehnsucht nach dem Tod habe ich nur in vergleichsweise wenigen Fällen erfahren. Wenn es gelang, Schmerzen, Übelkeit, Luftnot und andere plagende Symptome wenigstens teilweise zu lindern, bestand der Sterbewunsch nicht mehr. Ich erlebte eindrucksvoll mit, wie eine ältere Patientin durch den Behandlungserfolg innerhalb weniger Tage aufblühte, nachdem sie monatelang unter andauernder Übelkeit gelitten hatte.

Ein Sonderfall ist die ausgeprägte Depression, die Menschen lähmt und sich wie ein Schatten auf ihr Leben legt. Hier gilt es für Begleiter, viel auszuhalten. Oft lassen sich bei vertrauensvoller seelsorgerlicher oder psychotherapeutischer

Arbeit nur winzige Schritte gehen und kleine Fenster für einzelne Lichtblicke öffnen. Natürlich lässt sich nicht leugnen, dass hier im Einzelfall eine erhöhte Selbsttötungsgefahr besteht. Dann kann die stationäre Unterbringung eine vernünftige Option sein. Dagegen lassen sich depressive Episoden als Begleiterscheinung von schweren Erkrankungen in der Regel durch entsprechende Medikamente lindern, welche die Stimmung aufhellen, die Aktivität wieder erhöhen und einen verbesserten Nachtschlaf bringen. Es ist zwar schwierig, einzelne Beobachtungen zu verallgemeinern, dennoch ist mir in Fällen schwerer Lebensmüdigkeit aufgefallen, dass ein Zusammenhang zu einer totalen religiösen Entwurzelung bestehen kann, bei der keinerlei Hoffnung auf ein Leben nach dem Tod und über das Sichtbare hinaus besteht. Natürlich muss ich auch zugeben, dass andere Menschen, die ausschließlich im Hier und Jetzt leben und durch eine materialistische Weltanschauung geprägt sind, friedlich sterben können. Von der Art des Sterbens lassen sich keine Rückschlüsse auf Glaube und Weltanschauung ziehen. Dies ist ein unsinniger Mythos mancher einfach denkender Christen.

Gespräche mit Angehörigen

Meistens waren Angehörige erleichtert und dankbar, wenn sie in Gesprächen eine Brücke bekamen, um über die letzten Dinge sprechen zu können. Es kommt auch vor, dass sie selbst initiativ werden und direkt nach der Prognose fragen. Ich bin davon überzeugt, dass Angehörige in einem angemessenen Rahmen offen sind für aufklärende Gespräche und diese auch erwarten. Entscheidend sind die mitgebrachte Zeit und die Vertrauensbasis.

Dies bedeutet nicht, dass Angehörige direkt beginnen, über das Sterben zu sprechen. Häufig wird nach Heilungsaussichten, nach dem Erfolg von Therapien gefragt oder einfach danach, wie es weitergeht. Eine gute Begleitung hört genau hin, welche Signale der Gesprächspartner verbal oder nonverbal sendet, ob er gerade etwas verdrängt oder wie Zweifel und Unsicherheit ihn gerade zerreißen. Je nach Situation ist es hilfreich, Rückfragen zu stellen. Oft hake ich nach, wie denn der Angehörige selbst den Patienten im Verlauf erlebt. Wenn er dann seinen schlechten Zustand beschreibt, kann ich da ansetzen, es bestätigen und den Ernst der Lage aufzeigen. Es gibt auch Situationen, wo die Angehörigen gerade in einem Verdrängungsprozess stehen und den Patienten dadurch überfordern. Dann kann es hilfreich sein, mit kurzen klaren Worten die Dramatik auszusprechen, um im nächsten Schritt den Angehörigen im Gespräch wieder zu stützen.

Als Tabu habe ich das Thema Sterben in einigen Einzelfällen bei stark religiösen, gläubigen Menschen erlebt. Immer dann, wenn jemand darauf besteht, dass er von Gott selbst eine Zusage auf Heilung erhalten hat, blendet dieses Festhalten im Extremfall die Lebenswirklichkeit komplett aus. Dies kostet beide Seiten viel Kraft; den Begleiter, weil er argumentativ kaum weiterkommt, und den Betroffenen, weil er seine gesamte Energie in die Erwartung des Heilungswunders setzt. Wie immer in der Begleitung sind auch hier das wertschätzende Gespräch, das Aushalten sowie die Sensibilität wichtig, um im geeigneten Zeitpunkt den richtigen Kanal anzusprechen. Wenn die erlebte Realität von Patienten und Angehörigen stark auseinanderdriftet, kann es sinnvoll sein, Angehörigen eine eigene seelsorgerliche oder psychologische Begleitung anzubieten.

Mein eindrucksvollstes Erlebnis mit dem Unaussprechlichen habe ich in einer sehr symbiotischen Wohngemeinschaft einer hochbetagten Dame und ihrer einzigen Tochter erlebt. Damals war ich noch in der ambulanten Pflege tätig. Ich kam zum Erstbesuch in den Haushalt, wo wir die stark geschwächte Mutter pflegen sollten. Ich wusste bei meinem Eintreffen am späten Vormittag nicht, dass die Patientin bereits in der Nacht verstorben war und noch so in ihrem Bett lag. Die Tochter bat mich in die Stube und redete ohne Unterbrechung, brachte mir Fotoalben und erzählte biografische Erlebnisse. Immer, wenn ich mich nach dem Befinden der Mutter erkundigte und sie sehen wollte, begann die Tochter im Gespräch einen weiteren Kreis zu ziehen. Ich ließ mich auf diese Art des Gesprächs ein und es gelang mir allmählich, die Kreise enger zu fassen und auf das nähere Geschehen zu kommen. Es dauerte eine dreiviertel Stunde, bis die Tochter bereit war, mit mir ein Glas Wasser zu trinken und den schweren Gang ins Schlafzimmer zu tun. Sie war so geschockt vom für sie unfassbaren Sterben der Mutter, dass sie alles ausgeblendet hatte. Nach ihrem Tod hatte sie bis zum Morgen neben ihr gelegen und dann gefrühstückt. Erst in meinem Beisein begann sie die Realität anzuerkennen. Sie war überaus dankbar, als ich ihr anbot, mit ihr gemeinsam eine Aussegnung zu feiern und für sie zu beten.

Die Wichtigkeit der letzten Wünsche

Es ist ein Grundsatz, dass es in der Begleitung immer vorrangig um den Betroffenen geht, um das, was dem kranken oder sterbenden Menschen am wichtigsten ist. So wie ich kein Recht habe, über das Leben anderer Menschen zu befinden, kann ich mir dies auch nicht in der letzten Lebensphase anmaßen. Ich kann nur Angebote machen. Dies gilt besonders dafür, dass niemand alleine bleiben muss. Im Hospiz hat mich die Selbstverpflichtung des gesamten Teams stark geprägt, niemanden alleine sterben zu lassen, es sei denn, er wünschte dies ausdrücklich.

Krankheit hat etwas Ausgrenzendes, Stigmatisierendes, raubt dem Menschen seine Lebenskraft und lässt ihn seinen alltäglichen Verrichtungen nicht mehr wie gewohnt nachgehen. Das demütigt. Die meisten Patienten geben die Kraftlosigkeit als eines der am meisten belastenden Symptome an. Daraus schließe ich, dass es für Schwerstkranke höchste Priorität hat, ihr Leben trotz Erkrankung möglichst selbstbestimmt zu gestalten. Natürlich spielt das Lebenskonzept eines Kranken eine wesentliche Rolle – wie er bisher Krisen bewältigt hat, wie stabil sein soziales Netz ist, wie zufrieden er mit seinem bisherigen Leben war und woraus er Hoffnung schöpft.

Daher gehört es zu dem Wichtigsten, Leiden bestmöglich zu lindern, durch Medikamente, Hilfsmittel, psychosoziale Begleitung und professionelle Unterstützung, ärztlich, pflegerisch wie auch therapeutisch. Nur wenn ein kranker Mensch wieder mehr Lebensqualität für sich findet, kann er seine letzte Wegstrecke aktiv gestalten, wichtige Angelegenheiten regeln und im besten Fall loslassen und Abschied nehmen. Wir haben die Patienten meist beim Aufnahmegespräch nach ihren Wünschen gefragt. Häufig sind es Kleinigkeiten, die ihre schwere Situation wesentlich verbessern können: mit dem Bett auf die Terrasse gefahren werden, nochmal einen besonderen Menschen sehen, vielleicht nochmal in ein Konzert gebracht werden oder nur ein Bier trinken. Erfüllbare Wünsche machen Menschen auf ihrem letzten Weg dankbar und häufig gelöst.

Es ist großartig, Menschen zu treffen, die mit sich und ihrer Umwelt im Reinen sind. Dieses Versöhnt-Sein hat so eine starke Ausstrahlung, dass es mir als etwas Wesentliches vorkommt. Interessanterweise habe ich dies bei Sterbenden aller Altersgruppen erlebt. Bei jungen Menschen wirkt es umso erstaunlicher. Dies sind Momente, in denen der Tod nicht wie oft beschrieben als Feind auftritt, sondern als zum Leben gehörend. Er hat am Ende etwas Versöhnliches, besonders nach einem langen und schweren Leiden.

Als Christ sehe ich natürlich noch die geistliche Dimension, die Versöhnung mit Gott, den Glauben und die Zuversicht auf ein ewiges Leben. Diese Ewigkeitsdimension ist das, was ich jedem für seine letzte Wegstrecke als den innersten Kern des Lebens wünsche. Aus der Beobachtung vieler Lebensgeschichten kann ich festhalten, dass sich in den meisten Fällen am Ende des Lebens keine völlige Umwandlung ereignet. Es geschieht wohl eher eine Rückbesinnung, wenn bereits früher ein Bezug zum Glauben vorhanden war. Die „Bekehrung am Sterbebett", wie es sich viele Christen missionarisch ausmalen, ist eher eine Rarität. Auch hier gilt es auszuhalten, wie Menschen eine so unterschiedliche Sicht auf ihr Leben und Sterben haben können. Auch hier gilt es zu sortieren, ob vielleicht die Bedürfnisse des Sterbenden und die seiner Angehörigen auseinandergehen. Im Zweifelsfall ist der Patient zu schützen.

Im Lauf der Jahre ist mir immer wieder der Mythos begegnet, dass es sichtbar ist, ob ein Mensch als Glaubender stirbt oder nicht. Ich habe genügend Fälle erlebt, in denen tief gläubige und in Gott verankerte Menschen am Ende ihres Lebens einen großen Kampf durchleiden mussten. Genauso habe ich offensichtlich nicht an Gott glaubende Menschen sterben gesehen, die auf ihre Umwelt einen großen Frieden ausstrahlten. So wie der Glaube an Gott grundsätzlich ein Geheimnis ist, so bleibt er dies auch im Hinblick auf die letzten Dinge.

Würdevolle und entwürdigende Erfahrungen

Als erstes denke ich an meine Oma, die im hohen Alter Darmkrebs bekam, der sie nach und nach ganz auszehrte. Ihr Wunsch war, in ihrer Wohnung zu bleiben und nicht ins Heim umziehen zu müssen. Sie war eine sehr selbstbestimmte Persönlichkeit. Also organisierten meine Eltern eine Betreuungskraft, die bei ihr einzog und rund um die Uhr zur Verfügung stand. Die weitere Versorgung gewährleistete der ambulante Pflegedienst, der Hausarzt und bei Bedarf das Brückenteam der Palliativstation, auf der sie mehrmals gelegen hatte. Die letzten Lebenstage blieben auch meine Eltern bei ihr. Sie war trotz der schweren Erkrankung und ihrer Erblindung zufrieden. Offensichtlich hatte sie ihr Leben geordnet und war mit sich, ihrer Umwelt und mit Gott im Reinen. Sie hatte keine Angst vor dem Sterben. Zu ihrer Zufriedenheit hatte wesentlich beigetragen, dass sie sich in ihrem Wohnumfeld sicher und geborgen fühlte und wusste, wo etwas aufbewahrt lag. Ihr Abschied von dieser Welt war ruhig, gefasst und strahlte einen großen Frieden aus.

In meiner Hospizarbeit faszinierte es mich, wie die Schwestern mit Sterbenden umgingen, die sonst in der Gesellschaft schnell als asozial verurteilt werden. Wir hatten Gäste – so werden die Hospizbewohner genannt – die täglich ihr Pensum Schnaps für ihre Sucht brauchten und ihn sich über die Magensonde verabreichten. Dies wurde vom Personal mit viel Geduld und Liebe ermöglicht. Niemand wurde wegen seiner Sucht abgestempelt. Ich erinnere mich, später im Palliativnotdienst einmal einen verwahrlosten Mann in seiner Wohnung vorgefunden zu haben. Er wäre in seinem Dreck, im Entzug, ohne die Möglichkeit, sich selbst noch Alkohol zu beschaffen, in trauriger Einsamkeit verstorben. Wir konnten ihn mit seiner letzten Kraft ins

Hospiz bringen, wo er gewaschen, gebettet und mit Essen versorgt wurde, seine Dosis Alkohol bekam und in Begleitung fürsorglicher Pflegekräfte in Ruhe versterben konnte.

Auch in die andere Richtung habe ich es erlebt. Ein Gast im Hospiz litt unsäglich, weil er unbedingt zu Hause versterben wollte. Ärzte und Pflegende wussten um die Gefahr des Verblutens. Es war schwer vorstellbar, ihn gehen zu lassen. Doch das Hospiz respektierte seinen Willen. Er wurde nach Hause gebracht, vier Etagen hochgetragen. Das ambulante Team hatte für den Notfall alle notwendigen Medikamente vor Ort und Maßnahmen mit der Lebensgefährtin abgesprochen. Als er langsam verblutete, saß sie bei ihm, hielt ihn fest und wechselte die Handtücher. Sie leistete Sensationelles und ermöglichte ihm so ein würdevolles Sterben in seinen geliebten vier Wänden.

Eine besonders eindrucksvolle Geschichte ist die monatelange Begleitung einer jungen Familie mit drei Kindern. Der Vater erhielt nach zunehmenden Ausfallerscheinungen die niederschmetternde Diagnose eines schnell wachsenden bösartigen Hirntumors. Zu dem Zeitpunkt war seine jüngste Tochter nach mehreren schweren Jahren mit Leukämie in der letzten Lebensphase. Wir hatten die ambulante Mitbetreuung der Familie bereits begonnen, als die kleine Greta mit sieben Jahren in der Klinik im Beisein ihrer Mutter verstarb. Der Vater war damals schon so beeinträchtigt, dass er seine Tochter nur noch selten sehen konnte. Er hat diese Zeit bewältigt, indem er einen Blog über Greta schrieb, der die bewegende Geschichte dieses quirligen Kindes lebendig wiedergab. Alle, die je mit Greta zu tun hatten, liebten dieses Kind. Und sie schaffte es meist, ihren Kinderwillen durchzusetzen und alle um den Finger zu wickeln. Als Greta nach vier Jahren Kampf gegen die schreckliche Leukämie gestorben war, brauchte die Familie ihre ganze Kraft, um mit der Krebserkrankung des Vaters umzugehen. Es bestand ein fantastisches familiäres Netz. Über viele Wochen war stets zusätzlich ein Verwandter vor Ort, um sich um den Mann zu kümmern. Seine Frau hatte dadurch die Möglichkeit, den Mädchen Zeit zu widmen und regelmäßig zum Reiten zu fahren. Der Vater versuchte bis in die allerletzte Lebensphase, sein Buchprojekt fertigzustellen, das ihm sehr am Herzen lag. Trotz der Schwere der Erkrankung ging das Leben in der Familie weiter, unterstützt von liebevollen Menschen, die ihre Zeit zur Verfügung stellten, und von professionellen Helfern. Wenn ich selbst die Gelegenheit zu einem Hausbesuch bekam, erlebte ich immer wunderbare Momente, tiefe Gespräche bei einer Tasse Kaffee. Als schließlich die Zeit des Sterbens für den Mann kam, war die Familie gut vorbereitet. Er konnte im Kreis seiner Familie und seiner Freunde zu Hause versterben. Alle hatten die Möglichkeit, noch zwei Tage lang von ihm Abschied zu nehmen. Beeindruckend war, dass der Hauskater die gesamte Zeit über bei ihm lag und ihm nicht von der Seite wich.

Ich denke auch an besonders würdevolle, ja heilige Momente der Abschiednahme. Einmal eilten meine ärztliche Kollegin und ich zu einem Notfall. Gerade in dem Moment, als wir die Wohnung betraten, war der Patient verstorben. Bei allem Schrecken im Anblick des Todes waren wir für die Ehefrau genau zum richtigen Zeitpunkt gekommen, um sie zu stützen. Gemeinsam konnten wir ihren Mann versorgen, umkleiden und lagern, damit für sie ein guter Abschied möglich wurde. Der Tod hatte so für die Frau sein Grauen verloren. Sie sah ihren Mann ruhig daliegen und konnte sich nun Zeit nehmen, um das Unabwendbare allmählich an sich heranzulassen. Später bedankte sie sich herzlich, sagte, wie wichtig wir für sie in dieser Situation waren und es ihr geholfen hatte, in eine gesunde Trauer zu finden.

Vergleichbare Fälle habe ich etliche Male erlebt. Für die Begleitung ist es eine Herausforderung, wenn man unmittelbar zum Versterben hinzukommt. Dabei sah ich manches Mal Bilder, die ich längere Zeit verarbeiten musste. Für die umstehenden Angehörigen wären allerdings ohne Begleitung nur diese schrecklichen Szenen geblieben. Durch das Versorgen des Verstorbenen vor Ort, die Gestaltung des Umfeldes mit Kerzen, Blumen und Fotos bekam alles ein zweites Gesicht. Nach dem unheimlichen folgte ein friedvolles Bild, was dem Sterben und dem Tod einen würdevollen Ausdruck verlieh. Besonders in Erinnerung habe ich die Familie in einer engen Neubauwohnung, die wir über längere Zeit mit etlichen Krisen betreut hatten. Als der Mann verstorben war, rief mich die Ehefrau an, weil sie unsicher und hilflos war. Auch hier konnte ich nichts mehr tun, als den Verstorbenen zu versorgen. Ich bot der Tochter und der Enkelin, noch ein Schulkind, an, mich dabei zu unterstützen. Das Mädchen hatte zunächst Scheu, doch dann wurde die Situation so natürlich, dass sie mir die Kleidung für den Großvater reichte und ich ihr Fragen beantworten konnte. Durch diese gemeinsame Arbeit verlor der Tod sein Tabu, so wie es früher in Familien üblich war. Als wir gemeinsam den Verstorbenen verrichtet hatten, konnte die ganze Familie in Ruhe und in einer würdigen Atmosphäre Abschied nehmen.

Manchmal konnte ich bei solcher Gelegenheit anbieten, noch ein Gebet zu sprechen und konnte die Angehörigen segnen.

In meiner Zeit im Hospiz erlebte ich erstmals eine ausgeprägte Abschiedskultur. Jedes Mal, wenn jemand im Haus verstarb, wurde im Wintergarten ein Licht angezündet. So konnte es jeder, der zum Dienst kam, gleich sehen. Angehörige wurden erst informiert, wenn der Verstorbene und sein Zimmer für den Moment des Abschieds hergerichtet waren.

Es wurde immer eine schöne Satindecke halb über den Toten gebreitet. Meist war das Bett mit Blüten oder Blättern geschmückt und es brannten viele Lichter im Raum. So entstand eine heilige Atmosphäre. Vor der Tür brannten Teelichter, damit niemand aus Versehen ins Zimmer platzte. Wenn die Angehörigen eintrafen, wurden sie mit Wärme in Empfang genommen und ins Zimmer geleitet. Wer es wollte, bekam eine Aussegnung angeboten. Dann ließ das Personal den Angehörigen so viel Zeit, wie diese für den Abschied benötigten. Zur Erinnerung lagen im Aufenthaltsraum Bücher. Für jeden Verstorbenen wurde eine Doppelseite beschrieben, mit den Daten sowie mit passenden Sprüchen, gegebenenfalls ergänzt durch ein Foto. Diese Abschiedskultur überwältigte mich zu Beginn meines Dienstes, weil ich sie in dieser Form nie erlebt hatte. Sie gehört zu meinen stärksten Hospizerfahrungen.

Zu den entwürdigen Erfahrungen zähle ich das Sterben im Patientenbad, wie ich es vor zwanzig Jahren in der Uniklinik noch erleben musste. Der Tod hatte selbst auf einer Krebsstation keinen Raum. Zum Abschiednehmen gab es überhaupt keine Möglichkeit. Nach dem Versterben wurden lediglich mechanisch alle Zugänge, wie Katheter, Sonden und Kanülen, entfernt und das Patienteneigentum zusammengepackt. Selbst für das Personal gab es keine Möglichkeit der Verarbeitung.

In verschiedenen Pflegeheimen erlebte ich Sterbesituationen, in denen wir als Personal aus Unsicherheit heraus den Rettungsdienst riefen. Weil wir bedauerlicherweise zuvor weder mit dem Betroffenen noch mit seinen Angehörigen offen gesprochen hatten, wurde das vorauszusehende Sterben letztlich zur Überforderung. Zum Teil ließen wir Bewohner noch in die Klinik einweisen, die dort in einer fremden Umgebung sterben mussten, obwohl der Sterbeprozess bereits absehbar war. Im Vordergrund stand meist die eigene

Absicherung. Nur keinen Fehler machen, der einen den Arbeitsplatz kosten könnte. So hatte das Sterben im Altenpflegeheim häufig gar keinen Raum. Es wurde als Notfall wahrgenommen, bei dem eigentlich die Rettung des Lebens im Vordergrund steht. Der Sterbende wurde auf den Boden hinuntergezogen, um ihn noch irgendwie zu reanimieren, bis der Notarzt eintraf. Schließlich wurde immer darauf gedrungen, dass erst der Arzt den Tod feststellen kann. Somit entstanden in der Aufregung entwürdigende Situationen, die zum Teil auch andere Heimbewohner miterleben mussten. Es ist gar nicht auszudenken, wie Menschen unter solchen Umständen, bedingt durch kollektive Unfähigkeit, ihr langes und bedeutsames Leben beenden mussten. Für mich sind diese Erinnerungen wie tiefe Wunden, für die ich mich rückblickend für mich und Kollegen nur schämen kann.

Weitere Faktoren, die zu schwer aushaltbaren Sterbesituationen führten, waren streitende Angehörige am Sterbebett oder im Gegenteil das vereinsamte Sterben. Dazu gehören auch jene Fälle, in denen wir als Pflegedienst aus Zeitnot die Tür hinter uns zumachten, ohne für Sterbebegleitung zu sorgen. Es mag sein, dass einzelne Menschen alleine sterben möchten. Doch nach Umfragen wünscht sich die überwiegende Mehrheit, am Ende nicht alleine gelassen zu werden.

Ein großes Fragezeichen habe ich immer gehabt bei Patienten, die von sogenannten exulzerierenden, also nach außen aufbrechenden Krebsleiden geplagt wurden. Gerade im Bereich des Gesichts empfinde ich dies für Menschen so entwürdigend, weil der eigene Anblick für die umstehenden Menschen kaum auszuhalten ist. Dazu kommt häufig ein durchdringender Geruch, der sich nicht ausblenden lässt. Dennoch habe ich immer wieder erfahren, dass der leidende Mensch an jedem Faden seines Daseins hängt und sich, so unbegreiflich dies scheint, mit derart unfassbaren Umständen arrangieren kann.

Meine Haltung zur Sterbehilfe

Trotz aller unbeantworteten Fragen werde ich doch als Christ daran festhalten, dass wir als Menschen nicht das Recht haben, jemandem das Leben zu nehmen. Daher muss ich aktive Sterbehilfe in jedem Fall ablehnen. Die Erfahrung zeigt, dass Menschen leben wollen. Wenn es gelingt, durch Schmerztherapie und gute Symptomlinderung mehr Lebensqualität zu erreichen, zeigen die meisten Patienten wesentlich mehr Lebensmut und möchten die verbleibende Lebenszeit ausfüllen. Daher ist der Ausbau der Palliativversorgung die notwendige Antwort auf die Forderung nach Zulassung der aktiven Sterbehilfe. Natürlich muss ich einräumen, dass die versprochene Schmerzfreiheit für viele Patienten nicht erreicht wird. Selbst bei guten Versorgungsstrukturen gelingt je nach Last der Erkrankung nur eine relative, manchmal unzureichende Symptomlinderung. Zumal sich der seelische Schmerz, wenn er den körperlichen überlagert, viel schwieriger medikamentös lindern lässt. In solchen Fällen und wenn der Patient unter großer Angst leidet, kann er durch eine palliative Sedierung in den Schlaf versetzt werden, um sein anhaltendes Leiden nicht ertragen zu müssen. Es ist wichtig, solchen Patienten und ihren Angehörigen eine Alternative aufzuzeigen, um Schmerz und Leid erträglich zu machen. Es liegt in der Verantwortung der Mediziner das „Sterben lassen" zu thematisieren und entsprechend aufzuklären. Bevor man darüber diskutiert, dass ein Arzt die Verantwortung übernehmen sollte, ein Leben durch die Verabreichung eines Medikaments zu beenden, müssen die juristisch und ethisch klar geregelten Möglichkeiten aufgezeigt werden, wie durch den erklärten Willen eines Patienten oder eines von ihm Bevollmächtigten unproblematisch lebensverlängernde Maßnahmen beendet werden können. Häufig besteht das Problem darin, dass man nicht bereit ist, die Verantwortung für das eigene Handeln zu übernehmen. Gerade darin liegt oft der Widerspruch, dass von Patienten und Angehörigen trotz der Forderung nach direkter Sterbehilfe gleichzeitig auf eine künstliche Ernährung bis in die Sterbephase bestanden wird. Meist wird argumentiert, man könne ja niemanden verhungern lassen.

Ich möchte das Beenden von lebensverlängernden Maßnahmen am Beispiel der Amyotrophen Lateralsklerose (ALS) verdeutlichen. In mehreren Fällen haben wir als Palliativteam solche Patienten bei weit fortgeschrittenem Krankheitsverlauf und deren Angehörige zu Hause betreut. Die Patienten wussten, dass sie damit rechnen mussten, am Ende bei wachem Bewusstsein durch die Lähmung der Atemmuskulatur stärkste Luftnot zu erleiden. Dem Sterbewunsch und der Bitte um beste Symptomlinderung können wir hier entsprechen. Nach umfangreichen Aufklärungsgesprächen legt der Patient selbst den Zeitpunkt fest. Dann wird er sediert, nach einer Schlafphase nochmals geweckt, um zu erfragen, ob er ausreichend zur Ruhe gekommen ist. Wenn dies der Fall ist, kann nach erneuter Sedierung das Beatmungsgerät abgestellt werden und der Patient ohne Angst versterben. Dieses Beispiel zeigt eindrucksvoll, wie weit der gesetzliche Rahmen jetzt schon gefasst ist. Ich halte es für notwendig, diese Möglichkeiten mehr aufzuzeigen als aktive Sterbehilfe zu fordern.

Selbstverständlich muss auch die Palliativmedizin einräumen, dass es immer Grenz- und Sonderfälle geben wird. Es wird dann problematisch, wenn unterschiedliche Aussagen aufeinandertreffen, wenn keine Vorsorge getroffen wurde und der Patient nicht mehr in der Lage ist, seinen Willen mitzuteilen. Ebenso schwierig ist die Beurteilung des Rechts auf Suizid. Es wird immer Fälle geben, in denen sich ein Mensch in einer für ihn ausweglosen Situation das Leben nimmt. In vielen Fällen kann durch rechtzeitiges Eingreifen der Erfolg der Selbsttötung verhindert werden. Doch manche werden es so lange versuchen, bis der Suizid gelingt. Wenn nun genau dieser Mensch aus Krankheitsgründen nicht mehr selbst in der Lage ist, sich das Leben selbst zu nehmen, dann wäre es die konsequente Form der Barmherzigkeit, dieser Person beim Suizid zu assistieren. Diese Form der Sterbehilfe für den besonderen Fall zu legalisieren, leuchtet mir ein. Allerdings kann der ärztlich assistierte Suizid von keinem Mediziner eingefordert werden, da die Entscheidung allein dem persönlichen Gewissen des Arztes vorbehalten bleiben muss.

Das Sterben unserer Mutter

Ihre letzten zwölf Lebensjahre lebte die Mutter meiner Frau mit uns zusammen. Sie war Großfamilie gewöhnt, weil sie zwölf Kinder hatte. Deshalb konnte sie sich in einen anderen Haushalt hineinfinden und anpassen. Sie betete immer für uns, in allen Krisen stand sie zu uns, trug und ertrug uns. Je pflegebedürftiger sie wurde, umso mehr waren wir für sie da. Im vergangenen Jahr ließ sie sich in ihrer Bedürftigkeit und Schwachheit ganz vertrauensvoll auf uns fallen. Sie erduldete die Last ihres Alters.

Für unseren gegenseitigen Abschied halfen die regelmäßig wiederkehrenden Phasen, in denen es ihr schlecht ging, sodass wir auf ihr baldiges Lebensende vorbereitet wurden. Jedes Mal, wenn sie sich wieder erholt hatte, waren wir erstaunt, dass Gott ihr noch Lebenszeit dazu gab. Sie selbst war längst müde und lebenssatt, bereit zu sterben. Ich habe selten Menschen erlebt, die so losgelöst waren. Im Rückblick verstehen wir noch besser, wie sehr sie besonders in den letzten Monaten in inniger Gemeinschaft mit ihrem Heiland lebte, wenn sie leise vor sich hin betend im Halbschlaf da saß.

Ein halbes Jahr vor ihrem Tod ging es ihr sehr schlecht. Wir mussten sie in der Klinik untersuchen lassen, und der Arzt gab ihr keinen weiteren Tag mehr. Auf ihr Drängen hin nahmen wir sie jedoch wieder mit nach Hause. Sie wollte nicht im Krankenhaus sterben. Ein paar Tage ging es besser, doch eines Sonntagnachmittags lag sie im Sterben. In diesem Augenblick habe ich erstmals begriffen, dass ich die geliebte Mutter endgültig loslassen musste. Diesen Schmerz fühle ich noch jetzt, denn ich war nicht bereit dazu. Ich saß an ihrem Bett und weinte bitterlich. Meine Frau war damals viel weiter als ich. Aus nicht erklärbaren Gründen erholte sich die Mutter noch einmal für ein weiteres halbes Jahr. Für uns war es nicht fassbar, dass sie nach Tagen wieder aufstand, ganz schwach, doch bei Verstand. Sie wusste zwar oft die Tageszeit nicht mehr einzuordnen, doch sie ließ sich alles gefallen und murrte nie.

Im vergangenen Oktober kam ganz plötzlich wieder ein Einbruch ihres Allgemeinzustandes. Sie war so verwirrt, dass wir eine Nacht an ihrem Bett saßen und Mühe hatten, sie darin zu halten. Offensichtlich erlebte sie in einer Phase der akuten Verwirrtheit sehr dunkle Stunden ihres Lebens nochmals, wir vermuten die Zeit der Zwangsarbeit in Sibirien im Bergwerk. Am nächsten Morgen stellte sich die Frage, wie es weitergehen könne. Die größte Stütze war eine Schwester meiner Frau, die uns über die Jahre als weitere Pflegeperson zur Verfügung gestanden hatte. Sie war sofort bereit, zu uns zu kommen, um uns zu entlasten. Die schwierigste Frage, die sich uns stellte, war die einer weiteren Einweisung. Der ärztliche Notdienst überredete uns, in jedem Fall eine Diagnostik machen zu lassen. Wir wussten, dass uns hier in Gera nicht das bekannte Versorgungsnetz wie in Leipzig zur

Verfügung stand. Ich holte mir telefonisch Rat bei meiner ärztlichen Kollegin aus dem Palliativteam in Leipzig. Sie ermutigte uns, die Mutter zu Hause zu lassen, weil sich das Lebensende abzeichnete. Doch sie konnte unsere Unsicherheit verstehen, dass wir uns über das Wochenende ambulant nicht ausreichend medizinisch versorgt wussten und die starke Verwirrtheit der Mutter uns zunehmend überforderte. In dieser Situation entlastete es mich sehr, dass meine Kollegin mir Mut machte, mich nicht nur auf die aktuelle Lage zu konzentrieren. Schließlich hatten wir Mutter über Jahre bei uns versorgt und somit ihrem Wunsch entsprochen, sie bis zuletzt daheim zu behalten. Sollte es uns also jetzt in der akuten Krise nicht gelingen, sei das kein Versagen und könne die lange Zeit zuvor nicht aufheben. Dieser Zuspruch befreite mich sehr von dem inneren Druck, wir würden durch die Einweisung Mutters letzten Willen übergehen.

Sie war drei Tage in der Klinik. Dabei half es uns, dass wir im Vertrauen auf Gott loslassen konnten und die Verantwortung an das Personal abgeben konnten. Die Freundlichkeit und das Verständnis der Schwestern machten es uns möglich, abwechselnd tagsüber vor Ort zu bleiben. Für die Familie war dies wertvoll, weil alle Kinder sich noch verabschieden konnten. Als Mama am dritten Abend innerhalb weniger Minuten in einen Todeskampf fiel, fühlten wir uns ohnmächtig und verlassen. Erst eine Stunde später lag sie ruhig da, nun aber sterbend. Meine Frau, ihre Schwester und ich konnten sie gemeinsam bequemer betten, um ihr dann am Bett sitzend die Nähe zu geben, die sie für ihre letzte Wegstrecke brauchte. Die nächsten sechs Stunden waren wir einfach da. Die Zeit schien stillzustehen. Bis zum letzten Atemzug waren wir bei ihr, in einer heiligen Stille und einem so intensiven Erleben, dass wir tatsächlich die Hände öffnen und unsere Mama in die liebevollen Arme des ewigen Gottes übergeben konnten. Da spielte es keine Rolle mehr, ob wir gemeinsam daheim oder eben hier in der Klinik saßen. Wir waren ganz für sie da. Diese Stunden des bewussten Abschieds haben uns später maßgeblich geholfen, gut zu trauern.

Die Beerdigung war ein weiterer Höhepunkt. Als Familie organisierten wir alles selbst. Der Bestatter, ein Bekannter von mir, ging auf unsere individuellen Wünsche ein, sodass wir eine große und würdige Familienfeier in Erinnerung an eine großartige Persönlichkeit, Mutter, Oma und Uroma durchführen konnten. Wir hatten allein zwei Stunden in der Friedhofskapelle, um als Großfamilie am offenen Sarg Abschied zu nehmen. Wir hatten die Lieder selbst ausgewählt, den Predigttext und den Lebenslauf selbst geschrieben. Es war wie eine Krönung nach all ihren Jahren der Schwäche und Abhängigkeit. Das Familienoberhaupt war von uns gegangen, und doch fühlten wir uns alle durch sie verbunden und konnten gemeinsam lachen und weinen. Bei allem Schmerz gehört dieses Erleben zu den besonderen Momenten meines eigenen Lebens.

SCHLUSSWORT

Das Leben ist keine Theorie. Und damit entspringen auch ethische Entscheidungen nicht abstrakten Gedankenmodellen, sondern konkreten Entscheidungssituationen. Ob ich am Lebensanfang und am Lebensende „Ja" zum Leben sage, hat natürlich mit Moral zu tun, und diese wiederum hat (in unserem Fall) ihre Wurzel im christlichen Glauben. Doch um zu spüren, zu fühlen, zu ertasten, wie sich eine Entscheidung für das Leben im Alltag auswirkt, ist mehr nötig. Daher haben wir Beispiele und Lebensgeschichten gesammelt.

Die Berichte in diesem Buch sind sehr authentisch. Mutige Menschen haben einen ganz persönlichen Einblick in ihren Alltag gegeben. Sie haben ihre Freude und ihr Leid mit uns geteilt. Sie machen Mut. Mut zum Leben. Zu seinen Herausforderungen, alle Schwierigkeiten inklusive.

Trotz dieser Schwierigkeiten sagen sie unisono: Unser Leben mit dem behinderten Kind, mit der Tochter im Wachkoma, mit der sterbenden Schwiegermutter hat unser Leben reicher gemacht. Für diese Einblicke möchten wir uns herzlich bedanken bei:

Bärbel und Markus Edinger mit Ajmen,
Susann und Jörg Friedl mit Tim,
Bettina und Karl-Heinz Klöckner mit Marc,

Kathrin und Andreas Körnich mit David,
Sabine und Klaus Rösler mit Marie,
Ida und Stefan Taubmann mit Schwiegermutter
Katharina.

Neben diesen persönlichen Berichten braucht ein Thema wie Lebensrecht auch Verantwortungsträger, die sich zu Wort melden. Bundeskanzlerin Angela Merkel hat dies in ihrer Funktion als Parteivorsitzende in ihrer Rede vor dem Evangelischen Arbeitskreis EAK der CDU/CSU im Juni zum Thema Sterbehilfe sehr deutlich getan. Wir möchten sie an dieser Stelle zu Wort kommen lassen. Nach einer Würdigung des EAK als „Denkfabrik in der Union" ging sie auf die Debatte rund um die Sterbehilfe ein:

„Wir wünschen uns alle, dass wir ein Leben ohne Leid und Schmerzen haben, aber wir dürfen ja nicht, weil dies unser gemeinsamer Wunsch ist, der Versuchung zu erliegen, Leid und Schmerzen aus dem öffentlichen Leben zu verbannen. Sondern sie gehören zum Leben dazu und deshalb ist es für uns als Christen auch wichtig, bei aller Lebensfreude, deutlich zu machen, dass es Menschen gibt, die schwach sind, die krank sind, die wehrlos sind. Auch ganz im Sinne des Matthäusevangeliums, in dem es heißt: ‚Was ihr für einen meiner geringsten Brüder getan habt, das habt ihr mir getan. Und jeder, der heute vermeintlich stark ist, kann morgen schwach sein. Und jeder, der schwach ist, kann morgen wieder anderen Kraft geben.' Und natürlich gehört zu diesem Thema auch, dass der Mensch stirbt. Und eigentlich sind wir durch die Geschichte von Jesus darauf auch bestens vorbereitet. Jahr für Jahr gehen wir durch das Kirchenjahr und wissen von Geburt und Tod und Kreuzigung und Auferstehung. Und dennoch ist es für jeden einzelnen nicht einfach, sich mit dieser Frage auseinanderzusetzen. Und ich finde auch, dass all diese Debatten über die Patientenverfügung, jetzt auch

über ‚Sterbehilfe: Ja oder Nein' besonders schwer sind, weil man ja rational genau weiß, dass man in der Verfassung, in der ich und andere heute sind, gar nicht ganz ermessen kann, wie ich entscheide und fühle und denke, wenn ich schwächer oder vielleicht ganz schwach bin. Und deshalb ist für mich innerlich auch immer wichtig, dass wir nicht so tun, als könnten wir alles bis ins allerletzte regeln und voraussagen. Deshalb ist es so wichtig, dass man Menschen hat, denen man vertraut. Dass man rechtliche Konstruktionen finden kann, dass diese Menschen auch für mich mitentscheiden können, dass ich nicht in eine anonyme Entscheidungswelt hineinfalle. Und es ist wichtig zu verstehen – ich glaube, das kann man für die allermeisten sagen, da wir alle Menschen kennen, die schwächer sind – Lebensfreude kann man auch haben, wenn man schwach ist. Und wir sollten sehr vorsichtig sein, irgendwie zu definieren, ab wann Leben nicht mehr menschenwürdig ist. Das ist ja auch das, was uns in dieser gesamten Diskussion um Sterbebegleitung und Sterben in Würde so beschäftigt. Als Bundestagsabgeordnete sind wir aufgefordert, gesetzliche Regelungen zu treffen. Wir können Debatten führen, aber zum Schluss heißt es immer – anders als in einer Parteidiskussion: Was folgt daraus jetzt für den Gesetzgeber? Und da ist es sehr wichtig zu unterscheiden, wo ich Leitplanken ziehen und sagen muss: Das will ich auf keinen Fall. Wo muss ich aber vielleicht auch ein wenig Mut zur Lücke lassen, weil ich bestimmte Dinge nicht werde generalisieren können? Deshalb ist es so wichtig, dass wir uns alle einig darüber sind, dass wir die Frage der Suizidbeihilfe gesetzlich regeln und die verschiedenen Gruppenanträge diskutieren wollen."

(Die gesamte Rede der Bundeskanzlerin vom 19. Juni 2015 steht im Internet unter www.eak-cducsu.de im Bereich Downloads.)

Vor dem EAK favorisierte die Bundeskanzlerin deutlich den Gesetzesentwurf von Michael Brand (CDU) und Kerstin Griese (SPD) zur Regelung der Suizidbeihilfe. Dieser wurde am 6. November 2015 im Bundestag mit absoluter Mehrheit angenommen und setzte sich klar gegen drei andere Modelle durch. Der Vorsitzende der Deutschen Bischofskonferenz, Kardinal Reinhard Marx, der Präsident des Zentralkomitees der deutschen Katholiken, Alois Glück, der Ratsvorsitzende der Evangelischen Kirche in Deutschland, Landesbischof Heinrich Bedford-Strohm, und die Präses der Synode der Evangelischen Kirche in Deutschland, Irmgard Schwaetzer, beurteilten dies gemeinsam als „starkes Zeichen für den Lebensschutz".

Das neue Gesetz stellt die geschäftsmäßige Beihilfe zum Suizid unter Strafe. Die Angebote verschiedener Sterbehilfevereine sind damit in Zukunft verboten. Ausdrücklich von Strafe ausgenommen sind dagegen Angehörige oder nahestehende Personen von Menschen, die sich zum Sterben entschlossen haben, wenn sie „selbst nicht geschäftsmäßig handeln". Auch wenn die Rolle von Ärzten für viele noch nicht abschließend geklärt erscheint, begrüßte der Präsident der Bundesärztekammer, Frank-Ulrich Montgomery, das neue Gesetz. Er hatte sich stets gegen Ärzte als professionelle Suizid-Helfer gewandt. Die kirchlichen Vertreter unterstrichen in ihrer gemeinsamen Erklärung darüber hinaus: „Das neue Gesetz schützt schwer kranke und ältere Menschen vor einem zunehmenden sozialen Druck, vorzeitig aus dem Leben zu scheiden."

Liebe Leserin, lieber Leser,

uns ist bewusst, dass ein solches Büchlein nur fragmentarisch sein kann. Vieles bleibt unangesprochen, viele Geschichten wären zu erzählen, viele Aspekte abzuwägen. Wir haben uns für diese Form entschieden. Es sollte ein kurzes und prägnantes Plädoyer für das Leben werden. Wir hoffen, das ist gelungen.

Die Würde des Menschen ist unantastbar. Ein Leben lang. Vom Anfang bis zum Ende.

Liebe Leserin, lieber Leser,
uns ist bewusst, dass ein solches Büchlein nur fragmentarisch sein kann. Vieles bleibt unangesprochen, viele Geschichten wären zu erzählen, viele Aspekte abzuwägen. Wir haben uns für diese Form entschieden. Es sollte ein kurzes und prägnantes Plädoyer für das Leben werden. Wir hoffen, das ist gelungen.

Die Würde des Menschen ist unantastbar. Ein Leben lang. Vom Anfang bis zum Ende.